진짜 초등 국어 공부법

상위 1% 국어 실력의 비결, 7대 3 황금 균형의 법칙

진짜 초등 국어 공부법

초판 1쇄 인쇄 | 2021년 10월 18일
초판 1쇄 발행 | 2021년 10월 25일

지은이 | 배혜림
펴낸이 | 이준희
펴낸곳 | 마더북스

출판등록 | 2009년 6월 23일 (제318-2009-00079호)
주소 | 서울시 마포구 마포대로 8길31
전화 | 02) 312-5519 · **팩스** | 02) 732-5518
전자우편 | motherbooksceo@gmail.com

ⓒ 배혜림, 2021

ISBN 978-89-98258-30-6 03370

진짜
초등국어
공부법

상위 1% 국어 실력의 비결,
7대 3 황금 균형의 법칙

배혜림 지음

마더북스

독서를 많이 한다고
국어 성적이 보장될까요?

독서와 국어 성적은 비례하지 않습니다

예전에 저는 독서 토론반을 개설한 적이 있습니다. 이 독서 토론반에 중학교 1학년인 상현이가 수업을 들으러 왔는데, 책을 너무나 좋아하는 상현이가 이 독서 토론반에 참가한다고 해서 무척 반가웠습니다.

방과후 수업은 주 1회로 총 10차시로 운영합니다. 독서 토론반의 운영은 10명 이내의 토론 참가자들이 함께 의논해서 일주일간 읽을 책 한 권을 선정합니다. 수업시간에는 그 책과 관련해서 한 명씩 소감을 이야기하고 그 후 변화된 소감을 감상문 형태로 적고 제출합니다.

『동물농장』을 가지고 진행한 토론은 매우 인상적이었습니다. 방과후 수업 전에 상현이가 저에게 찾아왔습니다. 꼭 『동물농장』이 책만 다뤄야 하냐고, 다른 책을 더 가져와서 하면 안 되냐고 물었습니다. 그래서 괜찮다고, 걱정하지 말고 토론에 임하라고 말해 주었습니다.

수업시간이 되었습니다. 다른 아이들은 『동물농장』을 읽은 소감을 간단히 정리해서 발표했습니다. 드디어 상현이의 차례가 되었습니다. 상현이는 먼저 『동물농장』을 꺼냈습니다. 그러더니 가방 속에서 책을 서너 권 더 꺼냈습니다.

먼저 『동물농장』에 관하여 자기 생각을 이야기했습니다. 그 뒤 약간 긴장된 표정으로 자신이 집에서 가져온 다른 책들을 펼쳤습니다. 그리고는 『동물농장』이 나온 배경, 그 책이 지금 우리에게 주는 영향 등을 자신이 가지고 온 다른 책들과 엮어서 이야기하였습니다.

저는 궁금한 것을 질문하면서 집중해서 들었습니다. 이 아이는 책을 골고루 많이 읽었구나, 자기 생각을 여러 책을 통해서 잘 연결하면서 이야기하다니 대단하다는 생각이 들었습니다. 어느새 상현이는 2학년이 되어 지필고사를 치렀습니다. 그런데 성적을 확인하던 중 상현이의 성적을 보고 깜짝 놀랄 수밖에 없었습니다. 수업시간마다 대답도 제일 잘하고 다루는 작품마다 엄청난 배경지식을 갖고 있던 상현이었는데 성적이 기대했던 것에 영 미치지 못했기 때문입니다.

저는 상현이의 점수를 보면서 혹시 내가 채점을 잘 못한 것이 아닐까, 컴퓨터가 OMR 판독을 잘못한 것은 아닐까 하면서 다시 상현이의 답지를 펼쳐 확인해보기까지 했습니다. 채점은 틀리지 않았습니다.

독서를 하면 국어 공부에 분명히 도움이 됩니다.

독서를 하면서 얻는 독해력, 문제해결력, 이해력 등이 국어를 공부하는데 필요하기 때문입니다. 하지만 상현이의 경우처럼 독서를 많이 했다고 해서 반드시 국어 성적이 좋은 것은 아닙니다. 왜 그럴까요?

농사를 잘 짓기 위해서는 우선 땅을 비옥하게 만들어야 합니다. 하지만 땅을 비옥하게 만드는 데 많은 정성을 들이고, 씨를 심은 후에 아무런 돌봄을 주지 못하면 풍성한 수확을 기대하기 어렵습니다. 그 식물의 특징을 잘 파악하고 어떻게 해야 잘 크는지를 파악해야 합니다. 싹이 잘 자랄 수 있도록 물도 주고, 김도 매야 하며, 끊임없는 관리를 해주어야 나중에 제대로 된 수확물을 얻을 수 있습니다.

국어 공부도 마찬가지입니다.

국어 공부를 잘한다는 것은 국어 성적을 잘 받는다는 말입니다. 아주 현실적인 설명이죠. 독서를 많이 하면 국어 공부를 할 수 있는 바탕은 어느 정도 마련됩니다. 하지만 독서를 많이 했다고 해서 국어 성적을 잘 받을 수는 없습니다.

국어는 여러 가지 영역으로 구성된 교과입니다. 각 영역에 따라 공부하는 방법이 달라야 합니다. 암기가 필요한 부분도 있고, 이해가 필요한 부분도 있습니다. 교과 영역에 맞춰서 교과서를 샅샅이 공부해야 합니다. 어느 정도 공부를 했다 싶으면 다양한 문제를 풀어서 문제 유형에도 익숙해져야 합니다. 시험을 칠 때도 시험문제를 제대로 이해하고 출제 의도에 맞는 답을 써야 합니다. 그런 과정이 없이 그냥 책만 읽어서는 국어 성적을 잘 받을 수 없습니다.

이제 국어 성적까지 챙길 수 있는 똑똑한 독서를 시작해야 합니다.

국어 공부에서 독서가 중요하다는 의미

책을 많이 읽는다고 해서 국어 공부를 잘하는 것이 아니라는 사실은 첫 글에서 살펴보았습니다.

그렇다면 국어 공부에서 독서가 중요하다는 말은 무슨 의미일까요?

우리는 간혹 초등학교 때는 공부를 못했는데 중고등학교 때 공부를 잘하는 학생들의 이야기를 듣곤 합니다. 뒤늦게 공부 머리가 트였을 수도 있습니다. 하지만 어려서 놀기만 하다가 갑자기 공부를 잘하게 된 경우는 거의 없습니다. 갑자기 성적이 오른 아이들 대부분은 공부에 별로 관심은 없었지만 책은 재미있어 하며 꾸준히 읽던 경우가 많습니다. 그러다 대부분 어떤 계기로 공부하겠다고 결심하고 열심히 한 거지요.

독서를 많이 하면 자기도 모르게 간주관성을 갖게 됩니다.

우리가 흔히 국어 시험을 칠 때 '국어 감'이 있어야 한다고 합니다. 그 '국어 감'이라는 것이 바로 여러 주관 사이에서 공통으로 성립하는 성질을 뜻하는 간주관성(間主觀性)입니다. 이 간주관성을 가진 아이들은 다른 아이들의 국어 공부 시간 총량에 비해 성적이 잘 나옵니다. '느낌적인 느낌'으로 문제를 잘 맞힙니다. 하지만 자신이 왜 그 정답을 맞혔는지 제대로 설명하지는 못합니다. 이 부분은 국어 교과의 난이도가 올라가는 중3과 고등과정에서 문제점으로 드러납니다. 최상위가 되기 위해서는 독서와 국어 공부를 균형 있게 해야 합니다. 독서를 통해 얻게 된 능력을 국어 공부를 위해 세세하게 조각해야 합니다.

학교에서도 성적이 좋은 아이들은 교과서를 읽는 태도가 다릅니다. 교과서를 소설과 잡지 읽듯이 흘려 읽는 것이 아니라 꼼꼼하게 살피고 의미를 짚어가며 읽습니다.

솔직히 독서는 모든 과목의 공부를 잘하기 위한 필수 조건은 아닙니다. 하지만 대체로 독서를 많이 한 아이들은 문제 해결 능력이 뛰어납니다. 굳이 의식하지 않아도 다른 교과목 공부에도 국어 공부와 독서를 통해 익힌 독해전략을 사용합니다. 그 덕에 공부 시간을 효율적으로 이용할 줄 압니다.

교과서를 공부하기 위해서는 교과서를 읽을 수 있어야 합니다. 교과서도 책입니다.

모든 교과서는 핵심 내용과 중요한 요점이나 단어를 짧게 나열하는 방식의 개조식 구성으로 만들지 않습니다. 교과서의 내용은 모두 줄글로 이루어져 있습니다. 교과서는 책의 형태입니다. 독서를 꾸준히 했던 아이들은 교과서를 읽을 때, 책을 읽듯이 읽을 수 있습니다.

국어 교과서를 살펴볼까요? 국어 교과서에는 소설, 시, 설명문 등의 여러 지문이 나옵니다. 이런 지문을 활용하여 학습 목표에 따라 다양한 활동을 하도록 구성되어 있습니다.

사회나 과학 교과서는 어떨까요? 사회나 과학 교과서 역시 알아야 할 내용이 줄글로 이루어져 있습니다. 학생들은 교과서를 읽으면서 각 단원에서 핵심어를 찾고 그것의 의미를 공부합니다.

국어 공부를 할 때는 유념해야 할 두 가지 사항이 있습니다.

첫째, 교과서에 나온 작품을 읽을 때 단원별 학습 목표에 맞춰 읽어야 합니다.

둘째, 교과서에 나온 작품을 작품 그 자체로 분석하고 읽어야 합니다.

국어 공부를 제대로 하기 위해서는 독서를 제대로 해야 합니다. 독서를 꾸준히 하여 비옥한 바탕을 만들어야 합니다. 그 바탕에 국어 교과 영역에 맞는 방법으로 국어 공부를 해야 합니다. 그러면 국어는 아이에게 좋은 성적으로 보답할 것입니다.

독서가 가장 빛을 발하는 때는

독서를 통한 내공이 가장 빛을 발하는 때는 바로 고등학생 때입니다.

무슨 말이냐고요?

고등학교 학습에서 가장 중요한 것이 두 가지 있습니다. 정시 준비인 수능 시험과 수시 준비인 내신 시험입니다. 수능 시험과 내신 시험은 제한 시간 안에 주어진 문제를 다 풀고 그 결과로 한 줄 세우기를 해야 하는 평가입니다. 이 중 국어영역을 살펴보도록 하겠습니다.

국어 시험의 경우 제한 시간 안에 제시된 지문을 읽고 내용을 파악합니다. 파악한 내용을 바탕으로 제시된 문제를 풀어야 합니다. 이 평가는 작품을 내 생각대로 해석하고, 내가 어떤 생각이나 느낌을 받았는지를 묻는 것이 아닙니다. 출제자가 의도를 가지고 선정한 지문을 의도에 맞게 해석해서 출제자가 요구하는 답을 찾아야 하는 것입니다. 수능 시험이든, 내신 시험이든 시험을 쳐 보면 알겠지만 주어진 시간에 지문을 분석하고 문제를 풀기에 문제의 수가 꽤 많습니다. 그래서 시간에 쫓길 수밖에 없습니다.

국어 시험을 대비하기 위해서는 글을 빨리 파악하고 출제자의 의도를 생각해야 합니다. 문제를 읽을 때도 출제 의도를 파악하고, 출제자가 요구하는 답을 찾아야 합니다. 그러기 위해서는 긴 글을 빨리 읽는 연습을 하고, 출제자의 의도를 파악하는 연습을 꾸준히 해야 합니다.

글을 읽는 속도는 꾸준한 독서뿐만 아니라 의미 단위로 나누어 읽는 '띄어 읽기 훈련'을 통해 향상됩니다. 책만큼 긴 글을 찾기 힘듭니다. 책은 최소 한 권에서부터 여러 권, 시리즈물로 나오는 경우도 많습니다. 이런 긴 호흡의 글을 지속적으로 읽으면 자신도 모르게 띄어 읽기 훈련이 됩니다. 띄어 읽기 훈련이 된 아이는 시험에 나오는 지문 정도의 길이는 빠르게 읽을 수 있습니다.

책 한 권을 이해하려면 책의 내용을 파악하면서 정독해야 합니다. 내용을 제대로 이해하기 위해서는 앞의 내용을 기억해야 합니다. 앞의 내용과 뒤의 내용이 어떻게 연결되는지 알아야 책의 내용이 이해되기 때문입니다. 그래서 독서를 많이 하면 기억력이나 논리력도 향상됩니다. 이 능력 역시, 시험 문제를 풀 때 꼭 필요한 능력들입니다.

독서를 하면 어휘력도 키울 수 있습니다. 보통 사람들은 매일 비슷한 일상생활을 하기 때문에 사용하는 어휘도 제한적입니다. 하지만 독서를 많이 하면 우리가 평소 사용하지 않던 다양한 어휘를 접할 수 있습니다. 어휘를 어떻게 사용하는지 예문까지 접합니다. 여러 책에서 어휘가 반복되어 사용되기도 합니다. 그래서 많은 어휘도 접하고 그 어휘를 활용한 다양한 예문까지 익힐 수 있습니다.

내신 시험을 칠 때, 매 교시 해당 과목 선생님들이 반마다 다닙니다. 혹시 문제에 오류가 있거나 학생들이 교과와 관련한 질문 사항이 있는지를 확인하는 것입니다. 그런데 이때 대부분의 학생들의 질문은 문제의 오류나 교과 내용과 관련한 내용이 아닙니다. 믿을 수 없겠지만 제일 많이 하는 질문은 문제에서 사용된 단어의 뜻과 문제 자체의 해석입니다. 물론 지필고사를 치르느라 긴장한 탓도 있을 것입니다. 하지만 평소 단어의 뜻을 잘 알고 글을 제대로 읽는다면 이런 질문이 나오지 않을 것입니다.

말하고자 하는 바를 노골적으로 쓴 책도, 이면의 뜻을 파악해야 하는 책도 있습니다. 누군가가 그 글을 썼다는 것은 그 글을 통해 말하고자 하는 것이 있다는 뜻입니다. 책을 읽을 때는 작가의 의도를 생각해야 합니다. 그래서 독후활동을 하면 좋습니다. 독후활동을 하면서 책에 대한 자기 생각을 정리하고 작가의 의도를 생각할 수 있습니다. 작가의 생각과 나의 생각이 다를 때는 책의 내용을 비판할 수도 있습니다.

이런 여러 활동을 통해 아이는 작품을 읽을 때, 다양한 각도로 생각하는 힘이 생깁니다. 자기만의 작품을 해석하는 힘은 다른 책을 읽을 때도 발휘됩니다. 그리고 그 과정에서 흔히 말하는 '국어 감'이 생깁니다.

작품을 제대로 해석해야 출제자의 의도를 파악하며 문제를 푸는 힘도 생깁니다. 독서를 하기 위해서는 다양한 능력이 필요합니다. 일정 시간 독서에 집중하는 집중력, 글 전체를 이해하는 이해력, 문장 간의 의미적 연관성을 통해 글의 내용을 파악하는 논리적 사고력, 글을 이해하기 위해 앞의 내용을 기억하는 기억력 등이 갖춰져야 합니다. 이런 능력은 시험을 칠 때도 필요한 능력입니다.

시험은 긴장된 상태에서 지금까지 훈련해 온 여러 능력을 한꺼번에 폭발적으로 발휘해야 합니다. 그래야 좋은 결과를 낼 수 있습니다. 중고등학교와 대입시험에서 이러한 능력을 갖추기 위해 단계적이고 효율적인 장단기 독서 플랜을 만드는 것이 정말 중요합니다.

효과적인 초등 국어 공부의 비결은?

국어는 모든 교과의 기본입니다. 교과 선생님은 국어를 사용하여 교과의 내용을 설명합니다. 또한 교과서에도 국어로 교과의 내용이 설명되어 있습니다. 국어 공부를 제대로 하지 않아 글을 이해하지 못하면 다른 교과를 이해할 수 없습니다.

수학 선생님과 영어 선생님들이 항상 입을 모아 이야기하는 것이 있습니다. 수학과 영어도 국어를 잘하는 아이가 결국 더 잘하더라는 것입니다. 상위권까지는 국어 공부를 하지 않아도 어려서부터 수학이나 영어 공부에 많은 시간을 투자했기 때문에 아이들이 수학이나 영어를 잘합니다. 하지만 최상위권으로 올라가거나 학업 수준이 높아질수록 국어를 잘하는 아이들이 수학이나 영어를 더 빠르게, 제대로 이해한다는 것입니다.

국어는 평소에 늘 사용하는 언어이기 때문에 우리는 국어를 잘 안다고 생각합니다. 국어 공부의 중요성을 간과하는 경우가 많습니다. 그래서 많은 부모님들은 아이들로 하여금 수학과 영어 공부에 많은 시간을 투자하게 합니다. 주변을 둘러봐도 초등학생부터 고등학생까지 가장 많이 다니는 학원은 수학학원과 영어학원입니다. 수학이나 영어를 공부하기 위한 수학 공부 로드맵이나 영어 공부 로드맵도 다양하게 잘 짜여 있습니다.

그런데 국어를 공부해야 한다고 하면 생소하게 여기거나 막막하게 생각하는 경우가 많습니다. 심지어 국어 공부는 독서만 잘하면 되지 않느냐는 경우도 있습니다. 실제로 초등 국어 교과서를 살펴보면 수학 교과서나 영어 교과서에 비해 어렵지 않습니다. 오히려 쉬운 편입니다. 국어 교육과정을 살펴보아도 초등 부분은 그리 어려운 내용이 없습니다.

하지만 중고등학교 국어 교육과정을 살펴보면 갑자기 용어가 어려워집니다. 또한 내용도 심화됩니다. 초등학생 때 활동 중심으로 쉽게 배우던 국어가 중고등학생이 되면 갑자기 양도 늘어나고 용어도 어려워지는 것입니다. 수학과 영어를 잘하는 학생들도 중고등학생이 되면 국어 공부가 어렵다고 말하는 이유가 여기에 있습니다.

하지만 중고등학교 국어 시간에 배우는 내용은 대부분 초등학교에서 다뤘던 내용입니다. 그런데 왜 아이들은 국어 공부가 어렵다고 느낄까요? 초등학생 때는 국어 교과 내용을 배울 때, 활동 위주로 체득합니다. 그런데 중고등학교에서는 그 부분들을 다시 체계화해서 이론으로 정리해서 배웁니다. 용어도 초등 때는 아이들의 수준에 맞게 쉬운 말을 쓰다가 중고등이 되면 한자어로 이루어진 원래의 용어를 사용합니다. 그래서 아이들이 어렵게 느낍니다.

국어 공부를 잘하기 위해서는 어떻게 해야 할까요? 책만 많이 읽으면 될까요? 독서를 많이 하면 국어 공부를 잘하기 위한 훌륭한 바탕은 만들 수 있습니다. 하지만 독서를 많이 한다고 해서 무조건 국어 공부를 잘하는 것은 아닙니다.

국어 공부를 잘하기 위해서는 독서가 바탕이 된 국어 교과 공부를 해야 합니다. 국어 교과의 영역은 듣기·말하기, 읽기, 쓰기, 문법, 문학, 이렇게 다섯 영역으로 나누어집니다. 국어 공부를 잘하기 위해서는 국어의 다섯 영역에 맞게 각각 전략적으로 공부해야 합니다.

이 다섯 영역이 골고루 반영된 것이 바로 교과서입니다. 학년별 교과서는 발달 수준에 맞게 국어 교과의 다섯 영역을 고루 다루고 있습니다. 따라서 아이가 국어 공부를 잘하기를 바란다면 가장 기본으로 봐야 할 것은 국어 교과서입니다.

초등학교 때부터 똑똑하게 독서를 해서 국어 교과서를 공부한다면 그 아이는 대입에서도 빛을 발하는, 진짜 제대로 된 국어 성적을 얻을 수 있을 것입니다.

독서와 국어공부 7대 3
황금 균형의 법칙으로 '국어 감' 잡기!

2015 개정 교육과정에 '한 학기 한 권 읽기'가 도입되면서 학급 아이들과 함께 책을 읽고, 이야기를 나누는 시간이 이전보다 늘었습니다. 하지만 책 수다의 즐거움을 느낄 겨를도 없이 저는 교사로서 안타까움을 느껴야 했습니다. 넘어야 할 산이 있었기 때문입니다.

선생님이 알려준 대로 모르는 낱말이 들어간 문단을 2~3번 읽었지만 무슨 뜻인지 통 모르겠다면서 한 페이지 넘길 때마다 저를 부르는 아이, 고학년인데도 의미 단위로 띄어 읽지 못하는 아이, 방금 읽은 이야기의 내용을 요약하지 못하는 아이 등 독서 습관의 기초가 부족한 아이들이 많았습니다. 물론 독서 시간에 어휘력과 이해력이 부족했던 아이들은 국어 시간에 이루어지는 학습 활동에도 어려움을 보였습니다.

한편 평소 책을 많이 읽고, 독해력이 뛰어나다고 생각하는 아이에게서 의외의 모습을 발견하기도 했습니다. 자투리 시간마다 책을 읽고, 매일 독서 숙제를 성실하게 하는 아이였는데 국어 수행평가에서 예상보다 낮은 학업성취도를 보인 것입니다.

이 책 『진짜 초등 국어 공부법』에는 중고등학교에서 국어를 지도했고, 초등학교 자녀의 국어 학습에 관심을 가지고 고민해 온 배혜림 선생님만의 국어 공부법 진수가 담겼습니다. 현재 중학교 국어 교사인 저자는 독서와 국어 성적은 비례하지 않는다고 일침을 놓습니다. 초등학교 때부터 중고등학교 국어 공부를 염두에 두고, 전략적으로 독서하고, 독해력을 키워야 한다고 강조합니다. 독서를 꾸준히 하여 비옥한 바탕을 만든 뒤에, 듣기-말하기, 읽기, 쓰기, 문법, 문학 등 국어 교과 영역에 맞는 방법으로 공부해야 좋은 성적을 받을 수 있다는 것입니다.

'독서'와 '독해'는 다르며 분석적, 비판적으로 글을 읽으면서 주제를 찾고, 구조를 분석할 때 독해력이 향상됩니다. 이 책에서 저자는 오랜 경험을 토대로 초등학교 시기에는 독서와 국어 공부 비율을 7 대 3 황금 균형의 법칙으로 설명하고, 정확하면서도 친절하게 가정에서의 지도 방법을 안내합니다. 7대 3 법칙은 아이가 즐겁게 읽을 수 있는 책과 공부를 위해 전략적으로 읽어야 하는 책, 독후활동이 없는 독서와 독후활동이 있는 독서, 독서와 글쓰기, 문학책과 비(非)문학책에도 똑같이 적용됩니다.

초등학교는 중고등학교에 비교해 평가로부터 자유롭습니다. 초등학생 학부모는 책을 많이 읽는 아이가 국어 공부도 잘할 거라고 착각했다가 중학교 입학 후, 아이의 국어 성적을 보고 깜짝 놀랍니다. 배혜림 선생님은 초등 시기와 달리 중고등 시기에는 국어 공부가 7, 독서가 3이어야 한다고 말합니다. 중학교부터는 영역별 개념노트를 만들고 국어 교과를 '이해'가 아니라 '암기'해야 합니다. 또한 중학생 때는 한국 단편 소설, 고전 소설, 고전 시가를 읽고 비문학 문제집을 풀고 고등학생 때는 비문학, 문학, 문법 문제집을 푸는 연습이 필요합니다.

수능 국어 영역은 국어 교과의 5가지 영역을 바탕으로 문제가 출제됩니다. 학생들은 짧은 시간에 긴 지문을 읽고, 문제를 풀어야 합니다. 이중 문학 영역이 가장 광범위한데, 초등학생 때부터 꾸준히 책을 읽어야만 이에 대비할 수 있습니다. 특히 폭넓은 독서를 통해 '국어 감'을 기르는 것이 매우 중요합니다. 나아가 초등학생 때의 '독서 실력'을 중고등학교 때 '국어 공부 실력'으로 바꾸려면 초등학교 시기부터 국어 공부 훈련이 뒷받침되어야 합니다.

국어는 모든 교과의 기본입니다. 초중고 12년 국어 학습의 로드맵을 담은 『진짜 초등 국어 공부법』은 초등학생 자녀를 둔 부모들이 앞으로 어떻게 자녀 국어 학습 방향을 잡아야 하는지 그 청사진을 보여줍니다. 전략적인 독서와 국어 영역에 맞는 공부법, 똑똑한 교과서 읽기로 아이의 어휘력, 독해력, 이해력을 키우고 싶은 부모님들께 이 책을 추천합니다.

이새롬 초등교사
『하루 10분 초등 독서록 쓰기의 기적』 저자

◆ 차 례 ◆

2부 진짜 국어 공부는 초등부터
: 초등 국어 훈련

5부   학년별 국어 공부와 독서 III : 중고등부터 대입까지

6부 SKY에 입학한 제자들, 진짜 국어 공부를 말하다

1부

독서와 국어의 균형,
국어 성적을 좌우하는 7대 3 법칙

독서가 중요하다는 것은 누구나 알고 있습니다. 당장 '책육아'라고 검색만 해도 몇 페이지고 관련 자료들이 뜹니다. 하지만 국어 공부는 어떻게 해야 할지 막막합니다. 이리저리 살펴봐도 명확한 답을 찾기 힘듭니다. 도대체 독서량은 얼마나 해야 적당하며, 국어 공부는 무엇부터 시작해 얼마나 해야 할까요? 혹시 그 비율에 대해 생각해 본 적이 있나요? 선뜻 답이 안 떠오르시죠? 지금부터 국어 공부의 성패를 좌우하는 '독서와 국어 7대 3 황금 균형의 법칙'을 알려드릴게요.

독서와 독해의
중요한 차이를 아시나요?

독서와 독해

우리 아이가 책은 많이 읽는데, 과연 그 속의 내용을 분석하고 읽는 것일까요?

독서와 독해는 비슷한 점이 많습니다. 둘 다 글자를 읽는 행위입니다. 그래서 비슷한 의미로 생각하는 경우가 많습니다. 하지만 독서와 독해는 완전히 다른 영역입니다. 국어 공부에서 독서가 중요하다는 것은 누구나 알고 있습니다. 하지만 국어 공부는 독서만으로 이루어지지 않습니다. 독해 능력이 꼭 필요합니다.

그렇다면 독서(讀書)와 독해(讀解)는 어떻게 다를까요?

독서는 인간의 모든 지식과 지혜를 담고 있는 책을 읽는 행위를 말합니다. 독서의 과정에서 스스로 의미를 생각하고 자기만의 세계를 만들어갑니다. 그래서 정해진 독서 방식이나 방법이 없습니다. 별다른 훈련이 필요하지도 않습니다. 독서는 시간제한 없이 자신이 원하는 시간에, 원하는 만큼 읽을 수 있습니다. 독서는 공감적 읽기에 가깝습니다. 독서를 할 때 독자는 책 속에 푹 빠져서 읽습니다. 작품 속의 등장인물과 자신을 동일시하거나 작품 속의 등장인물이 왜 그런 행동을 했는지 등을 생각하며 재미있게 읽습니다. 그래서 독서 후에 다양한 독후 활동을 통해서 자신의 생각을 정리하는 과정을 거치는 것이 좋습니다.

반면 **독해는 글을 읽고 그 내용을 재구성하여 글을 분석하는 행위를 의미합니다. 독해를 통해 작가의 의도나 주장, 글 속의 논리성 등을 읽어내야 합니다.** 그래서 작가의 의도나 주장 등을 파악하기 위한 독해 방식이 있습니다. 독해 방식을 익히기 위해서는 훈련이 필요합니다. 훈련을 통해서 독해 능력을 향상시켜야 합니다. 독해 능력은 주로 시험에서 증명됩니다. 제한시간 안에 빠르게 읽어서 주제를 찾고 구조를 분석해야 하기 때문에 시간 체크가 필수입니다. 독해는 분석적, 비판적 읽기에 더 가깝습니다.

독해에서 가장 중요한 것은 주제 찾기와 구조 분석입니다. 글 속에서 주제와 구조를 분석해야 합니다. 독자는 작가가 왜 이런 글을 썼는지, 말하고자 하는 바를 파악하기 위한 이유를 분석하고 구조화해야 합니다. 이를 위해서 독자는 글 속에서 핵심어와 접속사 등의 독해 열쇠를 찾아야 합니다. 독해 열쇠를 찾았다면 약속된 기호로 표시하고 각 문단 간의 관계 등을 파악합니다. 독해 열쇠의 구멍을 표시해두기 위해 독해를 할 때 필기구가 반드시 필요합니다.

글을 분석한 뒤에는 자신이 파악한 글을 일목요연하게 구조화시키면 효율적입니다.

독서와 독해를 비교한다면 독서보다 독해가 훨씬 더 공격적인 읽기 활동이라고 할 수 있습니다.

독서	독해
· 책을 읽는 행위	· 주제 찾기, 구조분석 행위
· 공감적 읽기에 가까움	· 분석적, 비판적 읽기에 가까움
· 책 속에 빠져서 읽어야 함	· 필기구로 분석하면서 읽어야 함
· 독후활동 필요함	· 독해 열쇠 찾기, 구조화하기
· 자신이 읽고 싶을 때 읽음	· 주로 시험에 출제됨
· 시간제한 없음	· 시간제한 있음
· 훈련 필요 없음	· 훈련 필요함

국어 공부에 필요한 기본과 능력

국어 공부를 잘하기 위해서는 독서와 독해를 모두 제대로 해야 합니다. 독서를 통해서 문학 작품을 감상하는 눈을 키우고, 독해를 통해서 문학 작품과 비문학 작품을 분석하는 능력을 키워야 하는 것입니다.

사람들은 보통 독서를 많이 하면 독해는 저절로 따라온다고 생각합니다. 하지만 독서와 독해는 목적부터 방법까지 모든 것이 다릅니다. 국어 성적을 향상시키려면 독서와 독해는 각각 다른 것이라는 것을 인식하고 각각의 방법에 맞게 접근해야 합니다.

독서와 국어의 관계

프롤로그에서 이야기했던 상현이를 기억하시나요? 상현이는 책은 많이 읽지만 국어 성적은 생각만큼 나오지 않았습니다. 왜 그런 걸까요?

독서와 국어 공부는 어떻게 다를까요?

국어 교육과정을 아무리 찾아도 독서라는 말은 안 보입니다. 고등학교에 가면 '독서'라는 심화 과목이 있지만 교과에서 다루는 독서는 우리가 흔히 이야기하는 독서와는 다릅니다. 고등 국어의 독서는 이론적인 부분들을 다루는 과목입니다. 우리가 흔히 이야기하는 '책

읽기 행위'를 하는 독서와는 거리가 있습니다.

국어와 독서는 엄연히 다른 영역입니다. 그런데 왜 사람들은 국어라고 하면 독서를 같이 떠올리고, 독서가 국어 교과 과정에 해당한다고 생각할까요?

우선 국어라는 개념을 정리해야 할 필요가 있습니다. 우리가 흔히 말하는 국어는 우리나라에서 사용하는 한국어이고, 초·중·고등학교에서 말하는 국어는 국어 교과를 의미합니다. 국어 교과는 듣기·말하기, 읽기, 쓰기, 문법, 문학의 다섯 가지 하위 영역으로 구성되어 있습니다. 그런데 사람들 대부분은 두 용어를 구분하지 않습니다. (한)국어라는 용어와 학교에서 공부하는 국어(교과)를 혼용합니다.

어렸을 때부터 책을 많이 읽은 아이들은 긴 글도 자연스럽게 읽습니다. 하지만 어려서 독서를 꾸준히 하지 않은 아이들은 수업을 듣거나 시험을 칠 때, 긴 글 읽기를 힘들어합니다. 책을 읽지 않았던 아이들이 국어 공부를 잘하기 위해서 독해력을 키우려면 어려서부터 책을 읽던 아이들보다 몇 배의 노력을 해야 합니다.

국어 성적을 높이기 위해서는 책을 눈으로 읽기만 해서는 안 됩니다. 모르는 단어가 나오면 그 단어의 뜻을 정확하게 알기 위해서 사전을 찾아야 합니다. 사전을 통해 단어를 찾으면서 뜻을 보고, 예문까지 살펴봐야 합니다. 유의어, 반의어 등 어휘의 범위도 확장해서 공부해야 합니다. 우리말의 70% 이상은 한자어입니다. 한자를 쓸 줄은 몰라도 읽을 수는 있을 정도로 익혀야 합니다.

다음으로 국어 교과서를 공부해야 합니다. 국어 교과서를 꼼꼼하게 읽고, 교과서에 활동이 나오는 부분은 그에 맞는 활동을 하고, 외워야 할 부분은 외워야 합니다. 국어 교과서에 전체 지문이 나와 있지 않으면 전체 지문을 찾아서 읽어야 합니다.

고등학교에 근무할 때 많은 학생들이 공통적으로 이야기한 것이 있습니다. 책을 많이 읽은 학생의 경우, 국어 성적이 생각보다 잘 나온다는 것이었고 책을 별로 읽지 않은 학생의 경우, 아무리 공부해도 국어 성적이 잘 나오지 않는다는 것이었습니다.

사실 국어 시험을 칠 때, 문학 영역에서 헷갈리는 문제가 많습니다. 선생님들은 선다형 문제를 낼 때 다섯 개의 답 중 세 개는 완전 엉뚱한 걸 냅니다. 나머지 하나는 일명 매력적인 오답, 즉 헷갈릴만한 걸 냅니다. 수업을 들은 아이들이 그 포인트를 찾을 수 있게 말이죠. 책을 많이 읽은 학생들은 이때 자기 느낌대로 답을 찍었는데 성공 확률이 높다는 것이었습니다.

책을 많이 읽어서 국어 성적이 잘 나온다고 하는 아이들도 물론, 공부한 양에 비해서 성적이 잘 나온다는 이야기입니다. 국어 영역을 집중해서 공부하지 않으면 1등급이 나오기는 아주 힘듭니다.

2015 개정 교육과정과 국어

2020년부터 초중고 모든 학교에서 전면 실시된 〈2015 개정 교육과정〉에서는 듣기·말하기, 읽기, 쓰기, 문법, 문학의 각 영역에 따라 성취기준을 마련해 놓았습니다.

NCIC 국가교육과정정보센터(http://ncic.go.kr) 홈페이지에 들어가면 2015 개정 교육과정을 비롯한 교육과정에 대해 자세히 알아볼 수 있습니다.

2015 개정 교육과정 중, 국어 교과 부분만 간단하게 살펴보고자 합니다.

우선 2015 개정 교육과정에서는 국어를 공부함으로써 미래 사회의 핵심 능력에 필요한 역량을 기를 수 있다고 말합니다. 이때의 역량은 비판적·창의적 사고 역량, 자료·정보 활용 역량, 의사소통 역량, 공동체·대인 관계 역량, 문화 향유 역량, 자기 성찰·계발 역량 등 여섯 가지의 핵심 역량이 있습니다.

이 여섯 가지 역량을 초등학교 1~2학년, 3~4학년, 5~6학년, 중학교 1~3학년, 고등학교 1학년으로 단계화해서 영역별로 성취기준을 제시합니다.

간단하게 학년별로 중점 사항만 정리해보았습니다.

■ 초등학교 1~2학년

취학 전의 국어 경험을 발전시켜 일상생활과 학습에 필요한 기초 문식성을 갖추고, 말과 글(또는 책)에 흥미를 가진다.

(1) 듣기 · 말하기 : 학교생활에 적응하며 다른 사람과의 상호 작용에 필요한 기초적인

듣기 · 말하기 능력 갖추기

(2) 읽기 : 한글을 깨치고 읽는 활동을 통해 글의 내용을 이해할 수 있는 기초적인 읽

기 능력 갖추기

(3) 쓰기 : 한글을 깨치고 학교생활을 하면서 자신의 생각이나 학습 결과를 문자로 표

현하는데 필요한 기초적인 쓰기 능력 갖추기

(4) 문법 : 기초 문식성을 습득하여 학교에서의 국어생활에 원활히 적응하기

(5) 문학 : 문학에 친밀감과 흥미 느끼기

초등학교 1~2학년의 경우, 국어 교육의 가장 큰 목적은 기초를 다지고 학교생활에 적응하는 것입니다. 엄마표로 국어 공부를 할 때도 이 정도의 목표를 정하고 독서를 많이 할 수 있도록 지도하면 효과적입니다.

■ 초등학교 3~4학년

생활 중심의 친숙한 국어 활동을 바탕으로 하여 일상생활과 학습에 필요한 기본적인 국어 능력을 갖추고, 적극적이고 능동적인 의사소통 태도를 생활화한다.

(1) 듣기 · 말하기 : 일상생활과 학습에 필요한 기본적인 듣기 · 말하기 능력을 갖추고 바람직한 듣기 · 말하기 태도 생활화하기

(2) 읽기 : 다양한 글의 내용을 파악하고 글에 담긴 의미를 추론하는 등 읽기의 기초적 기능을 이해하고 활용하기

(3) 쓰기 : 기본적인 쓰기의 방법을 익히고 몇몇 종류의 글을 실제로 써 보면서 쓰기 경험 쌓기

(4) 문법 : 낱말과 문장을 사용하는 능력과 한글을 소중히 여기고 언어 예절을 지키며 의사소통 능력 갖추기

(5) 문학 : 작품으로 형상화된 세계를 포괄적으로 이해하며 감상하고 다양한 방법으로 표현하는 능력 갖추기

초등학교 3~4학년의 경우도 일상생활에 필요한 국어 능력을 키우고, 의사소통을 잘하는 것을 목표로 삼고 있습니다. 엄마표로 국어 공부를 할 때는 독서를 한 후, 아이와 대화를 많이 나누어 본인의 생각이나 느낌을 잘 표현할 수 있도록 지도합니다.

■ 초등학교 5~6학년

> 공동체 · 문화 중심의 확장된 국어 활동을 바탕으로 하여 일상생활과 학습에 필요한 국어 교과의 기초적인 지식과 역량을 갖추고, 국어의 가치와 국어 능력의 중요성을 인식한다.

(1) 듣기 · 말하기 : 일상생활과 학습에 관여하는 듣기 · 말하기의 기초 지식을 습득하고 효과적으로 듣기 · 말하기 활동하기

(2) 읽기 : 읽기의 목적과 읽기 습관을 점검하며 읽는 능동적인 독자 기르기

(3) 쓰기 : 쓰기의 특성을 이해하고 목적과 내용에 맞게 다양한 종류의 글을 쓰는 능력 갖추기

(4) 문법 : 언어의 기본 특성과 낱말, 문장에 대한 이해를 바탕으로 하여 국어 능력을 확장하기

(5) 문학 : 문학의 수용과 생산 활동을 통해 자아를 성찰함으로써 문학이 개인의 성장을 돕는 자양분이 된다는 점을 경험하기

초등학교 고학년이 되면 본격적으로 문제집을 이용해 국어 공부를 시작해야 합니다. 듣기·말하기 부분에서도 기초 지식이 나오고, 읽기 부분에서는 읽기 목적과 읽기 습관을 점검해야 합니다. 또한 독해전략을 사용해서 독해 연습을 해야 합니다. 국어 문법도 가볍게 살펴보면 좋습니다.

■ 중학교 1~3학년

목적, 맥락, 주제, 유형 등을 고려한 다양한 국어 활동을 바탕으로 하여 국어 교과의 기본 지식과 교과 역량을 갖추고, 자신의 국어 활동과 공동체의 국어 문화를 비판적으로 성찰하고 개선하는 태도를 기른다.

(1) 듣기 · 말하기 : 공식적 · 비공식적 상황에서 이루어지는 다양한 듣기 · 말하기에 관한 지식, 기능, 태도를 체계적으로 갖추기

(2) 읽기 : 한 편의 완결된 글을 읽어 내는 독서 경험을 바탕으로 하여 읽기의 가치와 즐거움을 아는 능동적인 독자 기르기

(3) 쓰기 : 쓰기의 과정을 이해하고 주제, 목적, 독자, 매체 등에 따라 효과적인 표현방법을 사용하여 다양한 유형의 글을 쓰는 능력 갖추기

(4) 문법 : 다양한 문법 단위에 대한 이해와 탐구 활동을 통해 총체적인 국어 능력 기르기

(5) 문학 : 작품을 수용하고 생산하는 과정에서 다양한 가치를 발견하고 이를 인간의 보편적인 삶과 관련지어 성찰하며 내면화하기

용어 자체가 초등학교와 완전히 달라져서 아이가 당황스러울 수 있습니다. 그런데 자세히 살펴보면 초등학교 때의 활동과 크게 다르지는 않습니다. 각 영역별로 조금씩 심화된다는 것을 느꼈을 겁니다.

중학생이 되면 엄마의 지식만으로 아이의 공부를 돕기 힘듭니다.

하지만 지금까지 공부해 오던 것을 바탕으로 문제집과 인터넷강의를 잘 활용하면 충분히 아이표 공부, 즉 자기 주도적 공부로 넘어갈 수 있습니다. 중학교 역시 독서가 필요합니다. 독서의 손을 놓아서는 안 됩니다. 중학생이 되면 대입까지 생각해서 독서 로드맵을 짜야 합니다.

■ 고등학교 1학년

다양하고 심층적인 국어 활동을 바탕으로 하여 통합적인 국어 역량을 갖추고, 국어 활동의 개선과 바람직한 국어문화 형성에 이바지한다.

(1) 듣기 · 말하기 : 교양인으로서 갖추어야 할 듣기 · 말하기에 대한 지식과 기능, 태도를 심화하기

(2) 읽기 : 자신의 관심사와 관련된 다양한 글이나 매체를 자발적으로 찾아 폭넓게 읽으면서 평생 독자로 성장할 수 있도록 하기

(3) 쓰기 : 목적과 맥락을 고려해서 자신의 글을 점검하고 조정하면서 효과적으로 글을 쓰고 소통하는 능력 갖추기

(4) 문법 : 국어의 특성과 국어 운용 원리에 대한 탐구를 바탕으로 국어를 상황에 맞게 사용하는 능력과 국어를 사랑하는 태도 기르기

(5) 문학 : 문학이 언어 예술이자 사회 · 문화적 소통 활동이라는 점을 이해하고 교양인으로서의 문학 능력 갖추기

고등학교 1학년까지는 공통교육과정이고 고등학교 2~3학년은 선택 중심 교육과정입니다.

즉 고등학교 1학년까지 연계해서 공부하던 국어 과목 중 자신이 더 깊이 있게 배우고 싶은 과목을 선택해서 심화해서 배우는 것입니다. 고등학생이 되었을 때 자기 주도 학습 능력을 반드시 키워 놓아야 합니다. 고등학교는 학습량과 학습 속도가 어마어마하기 때문에 곁에서 누군가가 모든 교과를 챙겨줄 수 없습니다.

고등학생은 독서 시간이 거의 없습니다. 하지만 교과서를 읽고 수업시간 중의 다양한 자료를 읽어 낼 때, 지금까지 이어온 독서의 힘이 발휘됩니다.

책만 많이 읽는 아이 VS
전략적으로 책을 읽는 아이

책을 많이 읽은 아이, 성적은?

　교사로 임용되고 처음 발령 받은 곳이 인문계 고등학교였습니다. 교사로서의 첫 시험기간을 맞이하게 되었습니다. 시험 범위의 내용을 한 번 정리하고 아이들에게 시험 범위 내에서 질문을 받았습니다. 그런데 아이들은 공부하는 과정에서 생긴 궁금증이나 이해가 되지 않는 부분을 질문하는 것이 아니었습니다. 문맥의 흐름을 통해 알 수 있는 단어의 뜻이나 교과 내용 중에서 핵심어와 전혀 상관없는 엉뚱한 것만 질문했습니다.

그 질문을 한 아이들은 평소 수업을 안 듣는 뺀질이들이 아니었습니다. 제일 앞자리에 앉아서 누구보다 수업을 열심히 듣는 모범생들이었습니다. 교과서 곳곳에는 수업시간에 얼마나 열심히 들었는지를 보여주듯 빽빽하게 필기가 되어 있었습니다.

한두 아이들의 문제가 아니었습니다. 해마다 새로 입학하는 아이들의 독해력이 눈에 띄게 떨어지는 것이 안타까웠습니다. 해가 갈수록 지문이 조금만 길어져도 이해하지 못하는 아이들이 늘었고, 이면의 의미는 고사하고 일차적인 의미도 이해하지 못하는 경우도 종종 있었습니다. 그런데 놀라운 것은 이 아이들의 학생부 독서 활동 상황란에는 독서 활동이 빼곡하게 적혀 있었다는 것입니다.

학생부 독서 활동 상황란에 독서상황을 기록하기 위해서는 책을 읽고 한 페이지 이상의 독서 감상문을 해당 교과 선생님께 제출해야 합니다. 독서 감상문을 보고 해당 교과 선생님이 독서 활동 상황란에 입력합니다.

아이들은 학생부를 관리하기 위해서 매 학기 책을 꾸준히 읽고 독서 감상문을 써서 독서 활동 상황란을 채워 나갑니다. 하지만 독서 활동 상황란에 쓰인 책들은 제 학년보다 조금 낮은 수준이거나 억지로 읽은 느낌이 드는 책이 대부분이었습니다. 독서를 좋아하지 않지만 대입에서 독서가 중요하다고 하니 독서록을 채워 나간 것이었습니다.

그 뒤 중학교에서 근무하게 되었습니다.

고등학교에서 근무할 때의 기억을 떠올리며 아이들에게 독서를 꾸준히 시키겠다고 결심했습니다. 일주일 중 한 시간을 독서 시간으로 진행하며 다양한 독후활동도 계획했습니다. 처음에는 아이들의 반발이 거셌습니다. 하지만 시간이 지나면서 독서 시간이 되면 조용히 앉아서 책을 읽기 시작했습니다. 책을 읽고 나면 여러 가지 독후활동도 했습니다. 그 덕분일까요? 도서관에서 책을 대출하는 아이들이 조금씩 늘었습니다.

중학교 교과과목이 고난이도의 독해력을 요구하는 것이 아니어서 책을 좋아하고 독서를 많이 하는 아이와 독서를 별로 많이 하지 않는 아이들간의 국어 성적에 관한 뚜렷한 인과관계는 보이지 않았습니다. 독서를 하지 않으면 성적이 떨어질 것 같은데 독서를 안 해도 성적이 좋은 아이들이 생각보다 많았습니다. 그런데 독서를 많이 하는 아이들은 수업태도가 달랐습니다. 독서에서 얻을 수 없었던 부족한 부분을 수업시간에 채워나갔습니다. 독서를 좋아하는 아이들은 대부분 수업 집중력이 높습니다. 그래서인지 그 아이들은 성적도 아주 좋은 편입니다.

사실 독서를 하지 않고 성적이 좋은 아이들은 100점을 받는 경우가 많지 않습니다. 결정적인 실수가 있어서 100점에서 꼭 몇 점이 모자랍니다. 그에 비해서 책을 좋아하고 즐겨 읽는 아이들은 시험을 치면 대부분의 과목이 100점입니다. 서술형 답을 매길 때도 어쩌면 이렇게 선생님이 원하는 정답을 써 놓았는지 감탄할 따름입니다. 출제자의 의도를 정확하게 파악해서 필요 없는 부분을 빼고, 딱 핵심만 제대로 써 놓습니다.

독서와 국어, 토끼 두 마리를 모두 잡은 이 아이들은 고등학교에 가서도 결코 흔들리지 않습니다.

초중고 국어 교육과정 살펴보기

〈2015 개정 교육과정과 국어〉에서 국어과 성취기준을 살펴보겠습니다. 보통 성취기준을 보면서 학년별로 책을 읽힐 때 어떤 것을 목표로 삼을 것인지 1년의 계획을 세웁니다. 이제는 아이에게 책을 읽힐 때, 어떤 주제의 책을 골라줄 것인지, 책을 읽고 난 후 독후활동을 어떻게 할 것인지를 내용 요소를 통해서 찾아보면 됩니다.

특히 읽기와 문학 영역에서 제시된 핵심 개념이나 내용 요소와 관련된 책을 찾아서 아이에게 읽히기를 추천합니다. 이를 바탕으로 듣기·말하기, 쓰기 영역에서 제시된 핵심 개념이나 내용 요소와 관련한 활동을 독후활동으로 하면 각 영역을 연계하여 독서지도도 가

<u>능합니다.</u> 이때 문법 영역의 내용 요소를 조금씩 다루면 훌륭한 국어 공부가 됩니다.

2015 개정교육과정에서는 초등학교 1학년부터 고등학교 1학년까지 공통과목으로 국어를 묶고, 고등학교 2, 3학년은 선택중심으로 일반 선택과 진로 선택으로 나누었습니다. 공통과목인 국어의 교육과정을 짤 때, 학년을 기준으로 하지 않고 연계되는 학년군을 묶습니다. 초등학생의 경우에는 1~2학년군, 3~4학년군, 5~6학년군으로, 중학생의 경우에는 1~3학년군, 고등학생의 경우에는 1학년군으로 묶어서 학년군별로 교육과정을 구성하였습니다. 같은 학년군에서는 교육과정의 내용을 자유롭게 움직일 수 있습니다.

교육과정표는 NCIC 국가교육과정정보센터(http://ncic.go.kr)에 들어가면 자세히 살펴볼 수 있습니다. 이 책에서는 간략하게 각 영역별로 교육과정에서 다루는 내용을 살펴보도록 하겠습니다.

■ 듣기 · 말하기 영역

듣기 · 말하기 영역에서 핵심개념은 듣기 · 말하기의 본질, 구성요소, 과정, 전략, 태도 등입니다. 듣기 · 말하기 활동을 할 때 서로 언어 예절을 지키는 태도를 가져야 합니다.

초등 1~2학년은 인사하기, 감정표현하기, 자신 있게 말하기, 집중하며 듣기 정도로 일상적인 생활에서 대화 방법 등에 대해 공부합니다. 초등 3~4학년은 원인과 결과에 대해 알고, 말을 할 때 표정이나 몸짓, 말투를 어떻게 해야 할지를 생각하고, 상대의 말을 듣고 요약하기 등을 공부합니다. **초등 5~6학년은 간단한 토의와 토론, 말을 할 때 체계적으로 하는 연습하기, 다른 사람의 말을 들을 때도 그 사람의 말을 추론하면서 듣기 등을 공부합니다.** 중학교 1~3학년은 대화, 면담, 토의, 발표 등에 대해 배웁니다. 이때 듣는 사람을 고려하고 상대방의 의견을 비판적으로 듣도록 훈련합니다. 고등학교 1학년은 언어예절을 지킨 대화, 논증구성을 위한 토론, 상대와의 협상, 의사소통 과정의 점검과 조정 등으로 초등 6년과 중학 3년의 내용을 이론화한 내용을 학습합니다.

■ 읽기 영역

읽기 영역에서 핵심개념은 읽기의 본질, 목적에 따른 글의 유형, 구성요소, 과정, 방법, 태도 등입니다. 읽기 활동을 통해 생활에서 제대로 읽을 수 있도록 하는 태도를 가지도록 합니다.

초등 1~2학년은 글자부터 낱말, 문장, 짧은 글을 소리 내어 올바르게 띄어 읽고, 글을 읽으며 인물의 처지나 마음을 이해하는 공부를 합니다. 초등 3~4학년은 다양한 영역의 주변에서 일어나는 글을 읽고 중심 생각을 파악하거나 내용을 간추리거나 사실과 의견을 구별하는 공부를 합니다. **초등 5~6학년은 다양한 갈래의 글을 읽으면서 구조 파악해서 내용 요약하기, 주장이나 주제 파악, 내용의 타당성 평가, 표현의 적절성 평가 등을 공부합니다.**

중학교 1~3학년은 다양한 갈래의 글을 읽으면서 구조를 파악해서 내용 요약, 주장이나 주제 파악, 내용의 타당성 평가, 표현의 적절성 평가 등을 공부합니다. 다루는 내용은 초등 5~6학년 때의 내용과 같지만 지문의 수준이 높아집니다. 고등학교 1학년은 인문·예술·사회·문화·과학·기술 분야의 다양한 화제를 다루고 있는 글을 통해서 내용 예측, 내용 요약, 설명 방법 파악, 논증 방법 파악, 읽기 과정의 점검과 조정 등의 훈련을 합니다.

■ 쓰기 영역

쓰기 영역은 쓰기의 본질, 구성요소, 과정, 전략, 목적에 따른 글의 유형, 태도 등입니다. 쓰기 활동을 통해 쓰기를 생활화하고 글을 쓸 때는 그 글에 대해서 책임지는 태도를 갖게 합니다. 초등 1~2학년은 글자 쓰기, 문장 쓰기를 통해서 주변에 있었던 일을 글로 씁니다. 초등 3~4학년은 시간의 흐름에 따라 써보기, 문단 만들기, 자기 의견이나 마음을 글로 쓰게 합니다. **초등 5~6학년은 설명하는 글,**

주장하는 글, 체험한 글 등을 쓰게 합니다.

중학교 1~3학년은 내용의 통일성, 다양성 등을 고려하여 보고하는 글, 설명하는 글, 주장하는 글, 감동이나 즐거움을 주는 글을 쓰게 합니다. 일반원리를 이용해 고쳐 쓰기 활동을 맛보게 합니다.

고등학교 1학년은 쓰기 맥락을 고려하여 설득하는 글, 정서를 표현하는 글을 쓰게 합니다. 그리고 자신의 글을 고쳐 쓰는 과정을 점검하게 하여 완성된 글을 쓰고 고쳐 쓰기가 내면화 되게 합니다.

■ 문법 영역

문법 영역은 국어의 본질, 국어 구조의 탐구와 활용, 국어 규범과 국어 생활 정도, 태도 등입니다. 문법 공부를 통해 평소 올바른 국어 생활에 대한 의식을 가지고 있어야 합니다.

초등 1~2학년은 한글 자모의 이름과 소릿값, 낱말의 소리와 표기, 문장과 문장 부호를 공부합니다. 초등 3~4학년은 낱말의 의미 관계, 문장의 기본 구조, 낱말의 분류와 국어사전 활용, 높임법과 언어 예절 등에 대해 공부합니다. 초등 5~6학년은 낱말 확장 방법, 문장의 성분과 호응, 상황에 따른 낱말의 의미, 관용 표현 등에 대해 공부합니다. 중학교 1~3학년은 언어 기호, 음운의 체계화 특성, 품사의 종류와 특성, 문장의 짜임, 담화의 개념과 특성, 단어의 정확한 발음과 표기, 어휘의 체계와 양상의 활용, 한글의 창제 원리에 대해 공부합니다. 고등학교 1학년은 중학교 때 배웠던 내용을 바탕으로 음운의 변동, 문법 요소의 특성과 사용, 한글 맞춤법의 원리와 내용에 대해 공부합니다.

■ 문학 영역

문학 영역은 문학의 본질, 문학의 갈래와 역사, 문학의 수용과 생산, 태도 등입니다. 문학 영역은 문학 작품을 통해 그 가치를 내면화하는 태도를 지녀야 합니다.

초등 1~2학년은 그림책, 동요, 동시, 동화 등의 작품을 낭독하고 감상하기, 작품 속 인물의 상상, 말놀이를 통해 말의 재미 익히기 등의 내용을 공부합니다. 초등 3~4학년은 동요, 동시, 동화, 동극 등의 작품을 읽고 인물, 사건, 배경을 생각하기, 이어질 내용 상상하기, 작품에 대한 생각과 느낌 표현하기 등을 공부합니다. **초등 5~6학년은 노래, 시, 이야기, 소설, 극 등의 작품을 읽고 작품을 이해하기, 비유적 표현의 특성과 효과알기 등을 공부합니다.** 중학교 1~3학년은 노래, 시, 이야기, 소설, 극, 교술 등의 다양한 작품을 읽고 비유, 상징의 효과, 갈등의 진행과 해결과정, 작품의 사회·문화적 배경, 작품 해석의 다양성, 재구성된 작품의 변화 등에 대해서 공부합니다. 고등학교 1학년은 서정, 서사, 극, 교술 등의 다양한 작품을 읽고 갈래의 특성에 따른 형상화 방법, 다양한 사회·문화적 가치, 시대별 대표작과 문학 갈래의 역사 등에 대해서 공부합니다.

교육부에서 교육과정을 계획하고 교과별 교육과정을 만듭니다. 그러면 이 학년군별 교육과정을 보고 교과서를 어떻게 구성할지 정합니다. 한 학년군 안에서 이 교육과정들을 어떻게 펼쳐야 아이들이 효과적으로 국어를 익힐 수 있을지 의논하고 이 고민의 과정이 교과서로 만들어집니다. 따라서 책을 고를 때도 아이의 학년군에 해당하는 내용을 다루는 작품을 읽히면 아이가 국어 공부를 제대로 할 수 있습니다.

교육과정을 고려한 전략적 독서

학교 수업은 교육과정에 의거하여 진행됩니다. 다음 학년의 내용을 다루거나 가르칠 수는 없습니다. 선행 금지법에 위반되기 때문입니다. 학교 수업은 제 학년의 내용을 풀어내어 아이들이 교육과정의 내용을 활동으로 할 수 있게 해야 합니다. 다양한 전문가들이 모여서 아이들의 발달 단계에 맞추어 교육과정을 녹여낸 것이 바로 교과서입니다. 교과서는 교육과정을 실제로 어떻게 수업해야 할지 풀어놓은 훌륭한 길잡이라고 보면 됩니다.

아이에게 국어 공부를 어떻게 시킬 것인지 고민이 된다면 가장 면

저 봐야 할 것이 국어 교과서입니다. 국어 교과서의 차례 페이지를 보면서 일 년간 어떻게 가르칠 것인지 구상하고, 단원별 학습 목표를 살펴봐야 합니다. 그 뒤 학습 목표에 맞추어서 제시된 지문을 어떻게 해석하고 다뤄야 할지 생각한 다음 교과서를 같이 봐야 합니다.

학교에서는 교사 한 사람당 담당해야 할 학생들이 많아서 여러 아이의 의견을 주고받거나 발표를 하는 활동을 하기에 한계가 있습니다. 이런 부분을 집에서 보완할 수 있다면 아이의 학습 효과는 배가 될 것입니다. 교과서는 아이들이 배워야할 가장 중요한 핵심이 담겨 있는 교재입니다. **엄마가 먼저 교과서를 살펴보고 흐름을 파악한다면 아이에게 큰 도움을 줄 수 있습니다.**

어떤 작품이 교과서에 나올 때, 그 작품 자체가 중요한 것이 아니라 그 작품을 통해서 학습 목표를 익히는 것이 중요합니다. 만약 '글을 바르게 쓸 수 있다'가 학습 목표라면 관련 작품을 통해서 글을 바르게 쓸 수 있는 능력을 키우는 것입니다.

교과서에서 그 작품을 처음 접하는 것과 한 번 접해본 것은 느낌이 다릅니다. 처음 접하는 경우이면 작품의 이해를 먼저 해야 합니다. 그런데 작품을 미리 한 번 접해 봤다면 작품 이해보다는 학습목표 활동에 집중할 수 있습니다. 그래서 교과서 속에 실려 있는 작품을 미리 읽히면 좋습니다. 교과서는 분량이라는 한계 때문에 작품 전문이 다 나오지 않는 경우가 있습니다. 수업에 적극적으로 참여하기 위해서는 교과서에 나오는 작품을 미리 읽어두어야 합니다.

교과서 속의 작품을 미리 읽고 학교에 가면 아이가 수업을 들을 때 지겨워하지 않을까 걱정이 되겠지만, 사실은 전혀 그렇지 않습니다. 같은 작품이라 하더라도 엄마와 읽을 때와 친구들과 같이 읽을 때의 분위기가 다르기 때문입니다. 같은 작품을 읽고도 사람마다 생각이 다르기 때문에 아이는 책의 내용을 똑같이 받아들이지 않습니다.

게다가 교실에서는 친구들과 함께 집에서 할 수 없는 다양한 활동이 가능합니다. 교과서의 작품을 다 읽었다면 아이의 학년 교육과정에 맞는 주제를 다루는 책을 찾아서 읽혀야 합니다. **이때 교과의 단원과 관련된 발문들을 보고 아이가 가지고 있는 배경지식이나 경험을 바탕으로 책을 고르면 좋습니다.**

교육과정에 맞는 주제를 가진 책은 많이 있습니다. 출판사에서 책을 내면서 몇 학년을 대상으로 할 것인지, 교과 영역 중 어느 영역과 연계된 책을 만들 것인지 등을 어느 정도 계획해서 출판합니다. 출판사별로 학년별 추천 도서 등을 검색해보면 많은 책을 찾을 수 있습니다. 그렇지만 이것이 내 아이에게 맞는지, 아이에게 이 책을 어떻게 읽힐 것인지 등을 분석하는 것은 엄마의 몫입니다.

교육과정을 보고 내 아이의 학년에는 이 정도의 내용을 가진 책들을 읽히면 좋겠다는 기준을 세웁니다. 그 기준에 맞는 학년별 추천 도서를 찾습니다. 그 후, 내 아이의 관심사의 주제나 이야기를 담고 있는 책, 또는 엄마가 읽히고 싶은 내용이 있는 책을 고릅니다. 그렇게 하면 책이 많이 추려집니다.

이렇게 추린 책들은 엄마가 미리 읽어보면 좋습니다. 미리 읽고 아이와 대화할 거리나 책을 통해 아이가 꼭 알았으면 좋겠다 싶은 것들을 기록해둡니다. 아이와 그 책들을 즐겁게 읽고 이야기를 나누면 훌륭한 독서가 됩니다. 여기에 한 줄 감상문에서 시작해서 조금씩 늘려가면서 쓰면 완벽한 독서가 될 것입니다.

엄마표 독서 지도,
독서와 국어의 황금 비율 찾기

책육아. 효과가 있을까요? 네. 책육아는 분명 효과가 있습니다. 책육아는 중요합니다. 아이가 초등학생이 되어도 책육아의 힘은 셉니다. 심지어 고등학생이 되어도 꾸준히 책육아를 할 수 있다면 매우 고무적인 일입니다. 고등학생에게도 책육아는 긍정적인 효과가 있습니다.

어려서부터 책을 꾸준히 접한 아이들은 커서도 책을 즐길 가능성이 큽니다. 책을 안 읽던 아이에게 책을 좋아하게 만드는 것은 쉬운 일이 아닙니다. 책을 즐긴다는 것은 책을 좋아하는 아이가 되었다는 뜻입니다. 책을 좋아하는 아이는 무엇이든 읽는 것을 두려워하지 않고 즐겁게 읽습니다. 아이가 책을 가까이하고 책을 좋아하게 되었으면 국어 공부의 반은 이미 성공했다고 볼 수 있습니다.

물론 국어 공부와 독서는 분명 다릅니다. 하지만 국어 공부와 독서는 서로 떼려야 뗄 수 없는 밀접한 관계를 가지고 있습니다. 독서는 국어 공부를 위한 기초 체력을 키우는 과정입니다. 기초 체력이 부족하면 국어 공부를 할수록 체력이 떨어져서 국어 공부를 끝까지 유지하기 힘듭니다. 꾸준하게 독서를 해서 국어의 기초 체력을 키워야 합니다. **독서를 많이 한다고 국어 공부를 잘하는 것은 아니지만 국어 교과 과정을 잘 이해하고 그 플랜에 맞춘 독서를 병행한다면 독서와 국어성적은 엄청난 시너지 효과를 거두게 됩니다.**

중학교 때까지는 독서를 하지 않는다고 해서 당장 국어 성적이 크게 떨어지지는 않습니다. 하지만 독서를 가볍게 여기면 고등학교에 가서 두고두고 후회할 수 있습니다. 독서를 제대로 하지 않는 아이는 고등학생이 되었을 때 아무리 공부해도 국어 성적이 더 이상 오르지 않는 한계에 빠질 가능성이 큽니다.

어려서부터 꾸준히 책육아를 하면서 책을 읽게 해주세요. 재미있는 책을 통해 독서가 재미있다는 것을 알게 해주세요. 재미가 없는 강요된 독서는 아이에게 지겨운 공부입니다. 어려서부터 꾸준한 책육아를 통해서 독서가 쉬는 시간이고 노는 시간이 될 수 있게 해야 합니다.

국어 공부에 엄마표가 필요한 이유

아이가 발달하는 과정을 가장 가까운 곳에서, 가장 자세히 지켜 보고, 잘하는 부분과 부족한 부분을 가장 잘 알고 있는 사람이 바로 엄마입니다. 그래서 국어 공부를 할 때 엄마표가 필요합니다. 또한 국어는 다른 교과목에 비해서 엄마의 지식으로 가장 소통하기 쉬운 교과목 중 하나이기도 합니다.

아이가 국어 공부를 엄마표로 하기 위해서는 크게 두 가지를 기 억해야 합니다.

첫 번째는 독서, 두 번째는 국어 교과서입니다. 독서의 중요성이 나 방법에 대해서는 이미 알고 있을 것입니다. 엄마표 독서는 지금 까지의 책육아를 그대로 유지하면 됩니다. 학교에서는 수업을 해야 하기 때문에 아이에게는 독서할 시간이 부족합니다. 대신 집에서 아 이의 독서 시간을 충분히 확보해야 합니다. 다음으로 국어 교과서 공부입니다. 그런데 국어 교과서를 살펴보면 학습적인 부분들이 많 이 보이지 않습니다. 교육과정이 바뀔 때마다 국어 교육에서 다뤄야 할 학습적인 부분들이 많이 줄었습니다. 그 덕인지 교육과정이 바뀔 때마다 교과서에 '토의해 보자', '찾아보자', '의논해보자'라는 발문이 점점 늘어납니다. 토의해야 하는 부분, 찾아봐야 하는 부분, 의논해야 하는 부분은 지난 교육과정에서는 수업시간에 가르쳤던 부분들인 경우가 많습니다.

그 부분들을 그냥 넘어가면 안 됩니다. **실제로 엄마표로 아이의 국어 공부를 진행하려고 하면 토의가 안 되거나 의논이 되지 않는다 해도 그 내용을 꼭 찾아보고 아이와 이야기해야 합니다.** 주로 이런 부분의 내용이 국어 교육과정에서 가르쳐야 하는 부분이기 때문입니다.

아이가 어느 정도 작품을 잘 읽으면 독해도 공부해야 합니다. 독해는 아이가 제대로 해 본 적이 없을 겁니다. 그래서 아이에게 지문을 독해하는 방법을 자세하게 가르쳐야 합니다. 하지만 독해를 시켜 보면 알겠지만 신기하게도 독서를 많이 한 아이가 독해에 대한 이해도 빠릅니다. 처음에는 아이가 독해에 대한 경험이 없어서 조금 힘들어할 수 있습니다. 하지만 기술을 익히고 연습을 하면 조금씩 빠르고 정확하게 독해하는 것이 보입니다. 독해를 공부하는 데는 시간이 그리 오래 걸리지 않습니다. 독서와 함께 매일 엄마표로 하면 아이의 국어 실력이 촘촘히 메워집니다.

엄마표로 아이가 국어 공부를 하면 좋은 점이 많이 있습니다.

첫째, 아이와 시간을 함께 보낼 수 있습니다. 결과가 명확히 보이는 수학이나 영어와 다르게 모국어인 국어는 아이도, 엄마도 이미 원어민입니다. 그래서 국어 공부를 하면서 즐거운 시간을 보낼 수 있습니다. 둘째, 내 아이에게 맞추어서 국어 공부를 할 수 있습니다. 학원을 가거나 학습지를 하게 되면 아이의 진도를 맞춘다고 하지만 아무래도 학원이나 학습지의 진도를 그대로 따라갈 수밖에 없습니다. 셋째, 아이의 수준을 정확하게 알 수 있습니다. 이것이 어떤 것이든 엄마표의 가장 큰 장점이라고 생각합니다. 무엇이든 옆에서 꾸준히 지켜보지 않으면 아이의 수준을 제대로 알기 힘듭니다. 넷째, 시간을 유연하게 사용할 수 있습니다. 물론 이 점이 자칫 엄마표가 나태해지기 쉬운 이유이기도 합니다. 하지만 매일 공부해야 할 분량을 정해놓는다면 아이들은 오히려 학원을 가거나 학습지를 하는 것보다 시간을 더 여유 있게 쓸 수 있습니다.

독서와 국어 7대 3 균형의 법칙

독서와 국어 공부는 각각 얼마나, 어떻게 해야 할까요?

독서는 사실 시간만 있다면 많이 하면 할수록 좋습니다. 하지만 독서를 어떻게 해야 하는지에 대해서는 고민이 필요합니다. 독서를 할 때도 요령이 필요합니다. 독서를 꾸준히 하기 위해서는 독서의

'재미'에 푹 빠져야 합니다. 재미가 없으면 독서를 꾸준히 이어나갈 수 없기 때문입니다. 독서가 재미있으면 같은 책을 계속 반복해서 읽을 수 있습니다. 같은 책을 반복해서 읽다보면 비슷한 책으로 확장시켜 나갈 수도 있습니다.

그렇다고 해서 독서의 재미만 쫓을 수는 없습니다. 독서를 통해서 국어 공부에 필요한 능력도 향상시켜야 하기 때문입니다. 국어 공부에 필요한 기본적인 능력을 갖출 수 있는 목적을 가진 독서도 해야 합니다. 그래야 국어 공부를 잘 할 수 있습니다.

이 독서와 국어 공부 사이의 황금비율은 7대 3이 적절합니다.

재미있게 푹 빠져서 읽을 수 있는 책, 엄마의 간섭 없이 아이가 즐겁게 읽을 수 있는 책은 독서 분량을 7, 국어 공부를 위해서 전략적으로 읽어야 하는 책, 국어 교과서에 나오는 책의 분량은 3. 이렇게 7대 3의 황금비율로 독서를 하면 독서의 재미와 국어 성적을 둘 다 잡을 수 있습니다. 독서와 국어 공부는 항상 함께 생각해야 합니다. 초등학생 때부터 독서와 국어의 성패를 좌우하는 7대 3의 균형 비율로 독서를 한다면 언제 어디서도 흔들리지 않는 진짜 국어 실력을 가질 수 있습니다.

초등 국어 실력이
대입까지 갑니다

진짜 초등 국어 공부,
지금 시작해야 합니다

중2 정은이는 평소 국어를 그다지 잘하던 학생이 아닙니다. 그런데 이번에는 국어 공부를 진짜 열심히 했다면서 제게 자랑을 했습니다. 국어 시험 범위까지 정리하고 그 내용을 다 외웠다며 정리한 내용을 보여 줬습니다. 국어 시험을 쳤습니다. 그런데 평소 공부를 하지 않고 쳤을 때와 비슷한 성적이 나왔습니다. 정은이는 울상이 되었습니다. 시험 범위를 정리한 내용을 살펴봐도 배운 내용은 잘 정리되어 있었습니다. 이상하게 공부를 했는데도 시험을 못 친 것입니다. 정은이는 그렇게 열심히 공부했는데 왜 국어 시험 성적이 향상되지 못했던 걸까요?

초등학교의 국어 교과서를 보면 굉장히 쉬워 보입니다. 제시된 지문의 길이도 짧고 어려운 어휘도 거의 없습니다. 초등 국어 교육과정에서 학년군별 내용 요소를 보아도 초등 국어 부분에서는 그다지 어려운 내용은 없습니다. 사용되고 있는 용어도 쉬운 편입니다. 하지만 중고등학교 국어 교육과정의 학년별 내용 요소를 보면 용어부터 갑자기 어려워집니다. 다루는 내용 요소의 양도 초등학교 때보다 훨씬 많습니다. 국어 교과서를 봐도 작품의 길이가 초등학교 때보다 길어지고 수준이 높아집니다.

초등학교 때는 초등 국어에서 다루고 있는 내용이 쉬워서 공부를 제대로 하지 않습니다. 그래서 중고등학생이 되면 국어를 어렵게 느낍니다. 특히 많은 고등학생들이 고등 국어는 너무 어렵다고, 고등학교에 와서 국어가 발목을 잡을 줄은 몰랐다고 말합니다. 국어는 어떻게 공부해야 할지도 모르겠고 공부해도 성적이 나오지 않는다고 좌절합니다.

국어 시험의 경우, 지문 길이가 너무 길어서 지문을 읽는 데에만 시간을 다 써서 결국 마지막 페이지는 풀지 못했다고 좌절하는 경우도 많습니다. 매년 고등학교 1학년 학생들이 3월에 모의고사를 칠 때마다 마지막 두 페이지 정도는 아예 손도 못 대고 시험 시간이 끝나곤 합니다.

혹시 수능 국어 영역 문제를 살펴본 적이 있나요? 크게 공통과목과 선택과목으로 나누어집니다. 공통과목은 비문학 독서와 문학으로 각각 17문항씩 총 34문항, 선택과목은 화법과 작문, 언어와 매체로 각각 11문항인데 두 과목 중 하나를 택합니다. 총 45문항, 100점 만점으로 80분간 시험을 칩니다. 공통과목인 비문학 독서는 읽기 영역, 문학은 문학 영역이고 선택과목인 화법과 작문은 듣기·말하기와 쓰기 영역, 언어와 매체는 문법 영역입니다.

수능 국어 영역 문제의 영역이 낯이 익지 않나요? 어디서 많이 본 다섯 영역이죠? 바로 국어 교육과정에서의 다섯 영역이 그대로 수능 국어 영역의 출제 영역입니다. 국어 교과의 다섯 영역이 초등학교부터 고등학교, 수능 국어 영역까지 이어지는 것입니다.

독서를 통해 반드시
익혀야 할 간주관성

학교 다닐 때 시험을 쳤던 국어 시험 문제가 기억나나요?

국어 시험 문제에서는 '옳은 것은?', '맞는 것은?'이라는 발문을 거의 사용하지 않습니다. '가장 적절한 것은?', '가장 올바른 것은?'이라는 발문을 주로 사용합니다. **국어에서는 무조건 정답은 없습니다. 시험 문제를 풀기 위해서 주어진 답지에서 '가장 적절한' 것을 찾기 위해 필요한 것이 간주관성입니다.**

앞서 말했지만 간주관성이란 '많은 주관성 사이에서 공통적인 것이 인정되는 성질'을 의미합니다. 이 간주관성이 바로 오늘날 국어 교육에서 취하고 있는 방법입니다. 보통 A를 B라고 해석한다고 약속하면, A라는 것을 보고 C나 D라고 해석할 수 있다고 하더라도 B만을 인정합니다. A가 B라고 해석되는 이유를 설명하라고 하면 쉽지는 않지만 가능합니다. 하지만 매끄럽게 설명하기 힘들고 중간에 말로 설명할 수 없는, 도약되는 직관적인 부분이 있습니다.

문학 작품도 마찬가지입니다. 문학 작품을 해석할 때, 답이 되는 이유는 알겠는데 말로 완벽하게 설명하기 어려운 부분들이 있습니다. 국어 수업시간에 많은 시와 소설 등의 문학 작품을 다루는 것은 이 간주관성을 익히기 위한 것입니다. 하지만 반드시 기억해야 할 것이 있습니다. 이 간주관성은 작가의 의도와는 다를 수 있다는 것입니다.

2017년 7월 8일에 방영된 시사 예능 프로인 〈알쓸신잡〉에서 김영하 작가는 아래와 같은 말을 한 적이 있습니다.

"그동안 우리나라 문학 작품 공부의 문제는 한두 단락만 잘라 내어 교육을 한다거나 작품 속에서 정답을 찾게 하는 것이 많았어요. 문학 작품은 작가의 의도를 찾게 하는 보물찾기가 아니므로 조각난 내용 속에서 단순히 답을 찾는 방식으로 가서는 안 된다고 생각합니다. 많은 시인들도 자기 시가 문제에 나오면 많이 틀리죠."

맞는 이야기입니다.

오래전, 학교 도서관 행사에 정호승 시인이 강연하러 온 적이 있었습니다. 그때 그 분도 똑같은 이야기를 한 적이 있습니다. 정호승 시인의 시는 인간에 대한 따뜻한 시선의 내용이 가득 담겨 있어서 많은 학생들이 좋아합니다. 게다가 그 시들은 수능 단골 출제 시이기도 합니다.

"제 문제가 수능에 나왔다고 하면서 누가 저보고 풀어 보라고 하더라고요. 제가 쓴 시이지만 제가 풀어도 어렵더라고요. 반도 못 맞췄어요. 하하하. 제가 그런 의도로 그 시를 썼다는 걸 수능 문제를 보고 알게 됐어요."

강당을 가득 채운 학생들 역시 시를 공부할 때마다 느꼈던 감정인지 공감의 박수를 쳤습니다.

    고등학교 3학년 수업을 할 때입니다.

    낯선 작품들을 수능에서 많이 다루면서 처음 보는 작품들이 교재에 나왔습니다. 교재 연구를 하며 작품을 해석하고 관련 문제를 풀어 보았지만 그래도 불안한 마음이 들었습니다. 그래서 그 작품들을 다룬 여러 인터넷 강의를 들었습니다. 강사들의 해석 내용이나 방식이 저와 거의 유사했습니다. 여러 인강을 들으면 들을수록 내가 제대로 하고 있다는 안심이 들었습니다.

    수업시간에 아이들이 이해되지 않는 부분을 질문할 때가 있습니다. 그때마다 느낀 것도 비슷합니다. 어떤 아이들은 조금만 설명해도 금세 이해합니다. 더 이상 설명이 더 필요 없습니다. 하지만 어떤 아이들은 아무리 설명해줘도 이해하지 못합니다. 다시 처음부터 쉽게 설명해도 뭔가 해결되지 않은 듯 애매한 표정을 짓습니다. 그래서 잘 이해가 안 되냐고 물어보면 뭐를 잘 모르는지를 잘 모르겠다는 기묘한 대답을 합니다.

    이 두 아이들의 차이는 바로 간주관성이었습니다. 이는 한순간에 익힐 수 있는 것이 아니고, 한마디로 설명하기도 힘듭니다. 이 감각은 꾸준히 다양한 작품을 접하며 스스로 터득해야 합니다. **이것이 바로 책을 많이 안 읽은 아이들이 국어 영역에서 비문학보다 문학**

파트의 문제를 어려워하는 이유입니다.

국어 공부의 경향과 예측

2015 개정 교육과정에서 국어 교과의 가장 큰 변화는 한 학기 한 권 읽기입니다. '한 학기 한 권 읽기'는 말 그대로 한 학기에 책 한 권을 다 읽고 책과 관련해서 다양하게 활동하고 생각하도록 하는 것입니다. 교과서에 책의 일부만 발췌하여 공부하던 기존 공부 방법의 한계에서 벗어나 한 권이라도 제대로 읽고 그 책을 자기 것으로 만드는 방향으로 국어 교육이 바뀌는 것입니다.

이런 수업 방식은 국어 교사로서 대환영입니다. 그동안 선생님들도 수업시간에 한 작품을 제대로 다룰 시간이 절대적으로 부족하다고 생각해왔습니다. 교과서에 일부분만 나온 작품들을 보면서 아쉬울 때가 많았는데 '한 학기 한 권 읽기'가 교육과정 속으로 들어옴으로써 수업시간에 충분히 책을 다루고 다양한 활동을 할 수 있게 된 것입니다.

앞으로도 한 권이라도 제대로 독서를 하고 그 책의 내용을 온전히 체득할 수 있는 방향으로 국어 교육은 나아갈 것입니다.

평가 방식 역시 바뀔 것입니다. 교육청에서는 해마다 지필평가의 비중을 줄이고 수행평가의 비중을 늘리기를 권고하고 있습니다. 지필평가 역시, 선다형이 아닌 서술형으로 내도록 비율까지 정해집니다. 학생들의 수업시간 활동을 적극 장려하고 공부하면서 생각하고, 생각한 것을 다시 글로 풀어내라는 뜻입니다.

'바칼로레아' 라는 말이 최근 교육 관련 토의에서 자주 언급되고 있습니다. 바칼로레아(Baccalaureat)는 프랑스의 논술형 대입 자격시험입니다. 교육부에서는 바칼로레아를 우리 교육에 반영하여 수업과 평가 등을 바꾸려고 하고 있습니다.

실제로 제주교육청, 대구교육청에서 바칼로레아를 학교 교육에 도입하려고 시도하고 있습니다. 조만간 이를 시작으로 더 많은 시도교육청에서 그와 유사한 방식으로 지역 교육계 상황과 맞춰서 도입할 것으로 예상됩니다.

이런 계속되는 교육의 흐름을 보면, **앞으로 교육과정이 어떻게 개정되더라도 독서의 중요성, 그중에서도 '정독'의 중요성이 강조될 것으로 예상됩니다.**

또한 국어를 비롯하여 모든 교과 수업 방법이 바뀔 것으로 예측됩니다. 과거처럼 지식을 외우고 선생님이 중심이 되어 공부하는 것이 아니라 학생들의 사고를 자극하고 학생들이 수업의 중심이 되는 방식으로 구성될 것입니다. **모든 교과 수업도 아이들이 스스로 교과서를 읽고 그 속의 내용을 재구성하는 능력을 요구할 것입니다.**

2부

진짜 국어 공부는 초등부터
: 초등 국어 훈련

내 아이를 국어 공부를 잘하는 아이로 키우고 싶지 않나요? 국어를 잘 해야 다른 교과도 잘 할 수 있습니다. 국어 공부를 잘 하기 위해서는 초등학생 때부터 제대로 국어 훈련을 해야 합니다. 국어 훈련은 독서를 바탕으로 각 영역별로 합니다. 독서를 통해 문맥을 파악하는 방법, 글을 읽는 방법을 훈련하고 이렇게 훈련된 방법으로 국어 교과서를 공부해야 합니다. 이제부터 초등 국어 훈련 방법에 대해 살펴보겠습니다.

국어 공부 훈련이
반드시 필요한 이유

국어 공부 잘하는 아이
VS 국어 공부 못하는 아이

초등학교에 입학할 때, 아이들이 국어를 사용하는 수준은 비슷합니다. 그래서 국어 공부를 위한 실력도 비슷한 위치에 있습니다. 특히 초등 저학년 때는 국어 공부를 잘하는 아이와 못하는 아이가 거의 차이 나지 않습니다. 약간 차이가 난다고 해도 조금만 노력하면 금방 국어 공부를 따라갈 수 있습니다. 초등 저학년 국어가 쉽기도 하고 아직 독서의 힘이 크게 발휘되지도 않기 때문입니다.

하지만 초등 고학년이 되면 상황이 조금 달라집니다. 책을 꾸준히 읽은 아이들과 그렇지 않은 아이들 사이에 독서 수준이 차이 나기 시작합니다. 국어 수업시간에도 수업에 참여하는 모습이나 교과서를 읽을 때 어휘력, 이해력 등의 차이가 보이기 시작합니다.

초등 고학년 때 벌어졌던 국어의 수준 차이 그대로 중학생이 됩니다. 중학교 1학년 때는 어휘력, 이해력 등이 천차만별인 상태로 수업을 듣습니다. 이제는 국어 공부 실력의 위치가 달라집니다. 하지만 아직까지 중학교 1학년 때에는 자유학기제로 시험이 없습니다. 그래서 정확한 국어 성적은 모른 채, 수업 참여도 정도만 차이가 보이기 때문에 국어 공부의 실력 차이를 제대로 느낄 수 없습니다.

그러다 2학년을 지나 중학교 3학년이 됩니다. **지금까지는 국어 공부를 할 때 어휘력, 이해력 등의 차이가 보였다면 이제는 학습력 차이로 드러납니다. 국어 공부를 잘하는 아이와 못하는 아이의 차이가 성적으로 확연하게 드러나는 것입니다.**

고등학생이 되면 중학교 때의 차이가 더욱 벌어져서 역전이 불가능한 지경에 이릅니다. 이는 곧 등급으로 완전히 정해져 버립니다. 그래서 고등학생이 되면 국어 공부를 열심히 한다고 해서 국어 등급이 큰 폭으로 확 오르지 않습니다. 이미 아이들의 국어 실력이 등급별로 거의 고정되었기 때문입니다. 그리고 내가 공부를 열심히 한다해도 내 위의 등급의 아이들도 나만큼, 혹은 그 이상으로 공부하기 때문에 상위권으로 치고 올라가는 것은 매우 힘듭니다.

국어는 모든 교과의 기본

"자원 분포의 편재성 : 자원은 지구상에 고르게 분포하지 않고 일부 지역에 집중하는 경향이 있는데, 이러한 특성을 자원의 편재성이라고 한다. 자원의 편재성으로 어떤 지역에는 특정 자원이 풍부하지만, 다른 지역에서는 그 자원이 부족하거나 전혀 생산되지 않는다. 따라서 자원의 생산 지역과 소비 지역이 일치하지 않아 자원의 지역 간 이동이 활발하게 이루어진다."

– 중학교 사회① 113쪽, 비상출판사

옆자리 사회 선생님의 교과서를 잠깐 빌렸습니다. 사회 교과서의 내용입니다. 사회 교과를 공부하기 위해 필요한 기본적인 어휘와 현상에 대한 설명이지만 그 설명들 안에 아이들이 어려워하는 어휘들이 또 포함되어 있습니다. 어휘력과 긴 문장에 대한 이해력이 부족한 아이들은 점점 미궁 속으로 빠져들게 됩니다.

국어를 공부하는 것은 중요합니다. 국어는 우리가 생활을 하는데 가장 많이 사용하는 과목이기 때문입니다. 우리가 평소에 대화하고, 필요한 글을 읽거나 쓰고, 어떤 것을 기억하거나 떠올릴 때 항상 국어를 사용합니다. 국어는 우리가 살아가는 데 가장 기본적인 과목입니다. 국어 공부를 잘하기 위해서는 국어 교과서를 비롯한 다양한 글을 읽고(읽기, 문학) 그 글과 관련된 자기 생각이나 느낌을 정리하고 이를 말로 표현(듣기·말하기)하거나 글(쓰기)로 제대로 쓸 수 있어야(문법) 합니다. 이것이 기본입니다.

국어는 다른 교과를 공부할 때도 필요합니다. 국어 교과는 독해력을 키우는 과목입니다. 독해력은 단순히 문자를 해독하는 능력이 아닙니다. 글을 해석해서 내용을 제대로 이해해야 하는 능력입니다. 독해력은 공부를 할 때 중요한 능력입니다. **독해력이 뛰어난 아이는 이해력도 뛰어납니다. 독해력과 이해력이 바탕이 되면 학습능력은 따라 옵니다.**

그런데 많은 아이들이 교과서를 읽고 내용을 이해하고, 핵심어를 찾아내는 것을 어려워합니다. 핵심어를 찾아냈다고 하더라도 핵심어를 중심으로 교과서를 정리하는 것도 힘들어 합니다. 심지어 시험을 칠 때도, 출제자의 의도를 파악하지 못하고 엉뚱한 답을 쓰는 경우도 종종 있습니다.

수학, 영어 교과의 경우 어렸을 때부터 이미 많은 선행을 해서 대부분의 아이들이 70점 이상의 성적을 받습니다. 하지만 도덕이나 사회, 역사, 과학 등의 교과처럼 교과서를 읽고 이해하고 암기해야 하는 과목은 그렇지 않습니다. 교과서를 이해한 아이들과 그렇지 않은 아이의 성적이 극과 극입니다. 사회나 과학 등의 과목을 제대로 이해하는지 살펴보면 국어 공부를 제대로 하고 있는지의 여부도 알 수 있습니다.

많은 수학 선생님과 영어 선생님들이 수학이나 영어를 잘하기 위해서는 국어 실력이 필요하다고 이야기합니다. **국어 공부를 제대로 하지 않으면 수학이나 영어 과목도 만점을 받을 수 없다**는 것입니다. 수학 시험을 칠 때, 배점이 높은 문제는 문제의 길이가 깁니다. 그 문제를 읽고 출제자의 의도를 파악해서 식을 도출해야 합니다.

하지만 국어 실력이 부족한 아이들은 그 문제를 제대로 읽기 힘들어 합니다. 영어 지문을 해석할 때도 국어가 필요합니다. 영어 지문을 해석할 때, 영어단어나 영어의 문법적 지식으로 해석합니다. 영어 역시 국어처럼 한 나라의 문화를 담고 있기 때문에 문장 속의 뜻을 파악해야 합니다. 영어 지문의 내용을 제대로 이해하기 위해서는 국어 실력이 필요합니다.

읽기와 쓰기 훈련

국어 공부를 위해 두 가지를 훈련해야 합니다.

첫째, 읽기 훈련을 해야 합니다.

우리는 국어 공부를 위해서 국어 교과서를 읽습니다. 국어 교과서를 읽을 때, 그냥 읽으면 안 됩니다. 국어 교과서의 내용을 요약하고 주제를 찾는 연습을 꾸준히 해야 합니다. 제대로 요약하고 주제를 찾기 위해서는 교과서에 나오는 단어의 뜻을 알아야 합니다. 모르는 단어가 나오면 국어사전이나 참고서 등을 보고 단어의 뜻을 세대로 익힙니다. 교과서의 내용을 요약하고 주제를 찾았다면 학습활동을 읽고 문제를 풉니다. 학습활동을 보면 교육과정을 어떻게 공부해야 하는지 알 수 있습니다. 이 읽기 훈련을 꾸준히 하면 국어 교과서를 제대로 읽을 수 있습니다.

둘째, 쓰기 훈련을 해야 합니다.

일기도 좋고 독서 감상문도 좋습니다. 무슨 글이든 글을 써봐야 합니다. 보는 것과 실제로 해보는 것은 다릅니다. 내가 글을 써봐야 글의 구조를 알 수 있습니다. 그리고 하고 싶은 말을 글로 풀어내는 방법을 찾을 수 있습니다.

국어는 수학이나 영어처럼 단계가 있는 과목은 아니지만 체계를 갖추고 있는 과목입니다. 초등 국어는 일상생활과 국어를 연계해서 국어와 관련된 기초적인 개념들을 안내합니다. 초등학생 때는 국어 이론보다는 바른 국어 생활이 몸에 익도록 훈련을 해야 합니다. 바른 언어를 사용하고 정확한 발음으로 글을 읽고 말하는 것이 중요합니다.

중학 국어는 초등 국어를 통해 몸에 익혔던 국어 생활을 이론화하는 단계입니다. 국어의 교과의 기본적인 개념과 이론들을 공부합니다. 다루는 개념들은 반드시 정리해야 합니다. 또한 이 시기에는 공부에 도움도 되는 목적이 있는 책을 선정해야 합니다.

고등 국어는 중학 국어에서 배웠던 개념과 이론을 바탕으로 심화 개념과 이론을 다룹니다. 중학 국어에서 다룬 개념과 이론을 알지 못하면 고등 국어 진도를 따라가기 힘듭니다. 고등 국어를 공부하기 전에 중학 국어에서 익혔던 개념과 이론들을 복습해야 합니다. 고등 국어에서 익혀야 할 개념과 이론을 중등 국어와 연계하는 것도 필요합니다. 이 개념과 이론들을 다른 작품에 적용하는 훈련도 해야 합니다.

국어 훈련
어떻게 할 것인가?

영역별 국어 교과 훈련 방법

국어는 영어나 수학처럼 명확하게 단계가 있는 과목은 아닙니다. 하지만 학년이 올라갈수록 학습할 범위가 조금씩 심화되고 확장됩니다. 이것을 나선형 교육과정이라고 하는데 국어가 나선형 교육과정의 대표적인 과목입니다.

초등 국어에서 기초를 단단하게 잡아 놓으면 중고등 국어를 공부할 때 훨씬 수월합니다. 제 학년에서 익혀야 할 것들을 제대로 익혀야 다음 단계에서 그 내용을 바탕으로 한 단계 확장된 공부를 할 수 있습니다. 그러니 초등 국어부터 꼼꼼하게 공부해야 합니다.

먼저 국어 교과서를 통해 듣기·말하기, 읽기, 쓰기, 문법, 문학 영역의 능력을 균형 있게 향상시킵니다.

■ 듣기 · 말하기 영역

듣기와 말하기는 떼려야 뗄 수 없는 관계입니다.

듣기·말하기 영역은 평소 우리의 대화에서 충분히 학습할 수 있습니다. 사실 학교에서 따로 배우지 않아도 알 수 있는 영역입니다. 교과서에서 다루는 듣기·말하기 영역의 목표를 잘 보고 그에 맞게 언어 생활을 하면 됩니다. 평소 가정에서 사용하는 대화나 언어가 듣기·말하기 영역에 크게 영향을 미칩니다. 정확한 발음으로 소리 내면서 책을 읽는 것도 듣기·말하기 영역을 공부하는 좋은 방법입니다.

■ 읽기와 문학 영역

읽기와 문학 영역은 다양한 갈래의 작품을 읽고, 그 의미를 파악할 수 있으면 됩니다. 학년이 올라가면서 점점 길이가 긴 작품들을 읽으면서 그 내용을 잘 파악하면 읽기와 문학 영역은 어렵지 않을 것입니다. 읽기와 문학 영역이 우리가 꾸준히 해야 하는 독서와 가장 관계가 깊은 영역입니다. 그리고 소위 '국어 감'이 가장 영향을 미치는 영역이 바로 이 영역입니다. 읽기와 문학 영역과 관련해서 생각해야 할 것이 두 가지 있습니다.

하나는 독서로서의 읽기이고, 하나는 독해로서의 읽기입니다. **독서로서의 읽기는 문학 영역에 해당합니다.** 독서로서의 읽기를 할 때는 책 속에 푹 빠져서 책을 재미있게 책을 읽습니다. **독해로서의 읽기는 비문학 영역과 연결됩니다.** 교육과정에서 읽기 영역에 해당합니다. 비문학은 우리 삶을 이루는 중요한 글 중 하나입니다. 독해로서의 읽기를 할 때는 글을 구조화하고 분석해서 주제를 찾아야 합니다.

작품들을 공부할 때는 작품 뒤쪽의 학습 활동 부분을 꼼꼼하게 살펴봅니다. 특히 독해 작품의 경우에는 발문이 각 학년의 수준에 맞춰져 있기 때문에 학년 수준에 맞추어서 활동하기에 훨씬 좋습니다.

■ 쓰기 영역

쓰기 영역도 기초 다지기가 중요합니다.

처음부터 글을 쓰기는 힘듭니다. 처음에는 엄마와 국어 교과서를 공부하면서 말로 공부를 하다가 학년이 올라갈수록 그 내용을 직접 써보게 합니다. 잘 읽어야 잘 쓸 수 있습니다. 좋은 글을 쓰기 위해서는 많이 읽어야 합니다. 사실 제일 좋은 쓰기 방법은 일기 쓰기나 독서 감상문 쓰기입니다. 잘 쓰기 위해서는 많이 써봐야 합니다. 쓰기 역시 처음에는 한 줄 정도로 짧게 쓰다가 나중에 조금씩 길이를 늘이면 좋습니다. 노트 한 페이지를 채우는 것은 중학생들도 힘들어

합니다. 초등학생은 처음에 한두 줄 쓰는 것부터 시작합니다. 그러다가 천천히 한두 줄씩 늘리면서 꾸준히 글을 쓰는 것이 좋습니다.

국어의 다양한 영역 중에서 중학교 1학년 아이들이 가장 차이나는 것이 쓰기입니다. 이 쓰기 수준 차이가 3학년이 되면 그대로 학력의 차이가 됩니다.

■ 문법 영역

문법은 말만 들어도 어려울 것 같지만 사실 국어 교과에서 국어 감이 필요 없는 영역이 이 영역입니다. 규칙이 비교적 명확한 영역이고 정답이 있는 영역이기 때문에 고등학생들이 제일 좋아하는 영역입니다. 하지만 문법의 규정을 외우기가 힘들어서 중학생 이하의 아이들은 좋아하지 않는 영역이기도 합니다. 문법 영역은 맞춤법과 발음규칙, 높임법에 관한 것이 대부분입니다. 평소 독서를 꾸준히 해서 어휘력을 키우고 맞춤법에 맞는 문장을 많이 익힙니다. 대화할 때는 높임 표현을 바르게 쓰는 연습을 합니다.

독서 훈련 방법

독서 전략에 대해 많은 연구가 있고 다양한 독서전략이 개발되었습니다. 그 중 세 가지만 간략하게 소개합니다. 이 세 가지의 독서 전략 중에서 아이에게 맞는 방법을 사용해서 독서 훈련을 하면 됩니다.

첫째, 읽기 전·중·후 활동 독서 전략입니다.

이 독서 전략에서는 독서를 크게 읽기 전, 읽기 중, 읽기 후의 세 단계로 나눕니다. 읽기 전 활동은 읽기 전에 하는 활동들입니다. 표지나 제목, 목차를 보면서 글을 쓴 사람의 의도를 추측하거나 전체적인 내용을 추측하기도 하고 궁금한 것들을 써봅니다. 호기심을 유발하고 학생들의 배경지식을 활성화시키기 위한 활동입니다.

읽기 중 활동은 읽는 중간에 일어나는 활동입니다. 독서는 글을 읽는 아이들의 머릿속에서 이루어지기 때문에 독서하는 중에는 누군가가 개입하는 것은 불가능합니다. 구조를 생각하며 읽기, 질문하며 읽기 등의 활동을 아이가 스스로 고민하며 읽어야 합니다.

구조를 생각하며 읽기 위해서는 각 갈래별 구조를 알아야 합니다. 읽으면서 각 단계별로 간단하게 정리하면서 읽게 합니다. 질문하며 읽을 때는 스스로 궁금한 것에 대한 답을 찾습니다. 또는 엄마가 먼저 읽고 아이에게 책을 읽기 전에 질문을 하고 책을 읽으며 답을 찾게 합니다.

읽기 후 활동은 읽은 후에 다양한 독후활동을 하는 것입니다. 독후활동은 그림으로 표현하거나 글로 표현하는 방법이 있습니다. 그

림으로 표현하는 방법으로는 표지 다시 그리기, 책 광고문 만들기, 4
컷, 6컷 등의 만화 만들기, 시화 그리기, 독서 감상화 그리기 등이 있
습니다.

글로 표현하는 방법으로는 뒷이야기 이어쓰기, 뒷이야기 바꿔 쓰
기, 미니북 만들기, 독서 감상문 쓰기, 요약하기, 편지쓰기, 퀴즈 만
들기 등이 있습니다. 여러 독후 활동 중에서 책과 가장 잘 어울릴만
한 것으로 하면 됩니다.

둘째, SQ3R 독서 전략입니다.

SQ3R은 Survey, Question, Read, Recite, Review의 약자로 미국
오하이오 주립대학의 프랜시스 로빈슨(Francis Robinson) 교수가 학생
들의 독서를 향상시키기 위해 개발한 독서 전략입니다. 아직도 대학
에서 사용하는 읽기 프로그램이고 초등학생 중에서도 독서량이 많
은 아이들과 중고등학생들에게 효과적인 읽기 학습 방법입니다.

SQ3R은 총 5단계의 과정으로 구성되어 있습니다.

첫 번째 Survey는 훑어 읽기입니다. 표지나 목차, 도표, 차트 등을
훑어 읽으며 어떤 내용일지 생각합니다. 아이들이 책을 읽기 전에
책을 빠르게 넘기면서 책을 살펴봅니다. 책 안의 삽화나 눈에 띄는
것들을 보면서 가볍게 엄마와 이야기를 주고받고 어떤 내용일지 이
야기해 봅니다.

두 번째 Question은 **질문하기**입니다. 제목이나 소제목을 질문으로 만듭니다. 예를 들면 '독서 훈련 방법'이라면 '어떤 방법으로 독서 훈련을 하는 거지?'라는 방식으로 질문을 만들게 합니다. 이 활동은 아이들의 호기심을 자극합니다. 책을 읽기 전, 아이들에게 제목을 보고 질문을 만들게 하세요.

세 번째 Read는 **자세히 읽기**입니다. 마음속으로 책의 내용과 관련된 질문을 하고 질문에 대한 답을 찾으며 책을 읽습니다. 우리가 대부분 생각하는 독서가 이 과정에 해당됩니다.

네 번째 Recite는 **암송하기**입니다. 자기가 읽은 내용을 외우거나 정리한 것을 외웁니다. 나만의 언어로 완전히 내 것으로 정리합니다. 대부분의 독서는 세 번째 단계까지 하면 충분합니다. 암송하기가 힘들면 아이와 함께 독후활동을 하면서 책의 내용을 다시 떠올려봐도 충분합니다.

다섯 번째 Review는 **다시보기**입니다. 자신이 읽은 내용을 다시 복습합니다. 시험 전에 다시 내용을 살펴보는 것이 이 단계에 해당합니다. 공부하면서 읽었던 교과서 등을 시험 치기 전에 공부할 때 사용합니다. 평소 독서를 할 때는 이 단계까지는 하지 않아도 됩니다.

셋째, KWL 독서 전략입니다.

KWL 독서 전략은 오글(Ogle, D. M.)이 배경지식을 활성화시켜 독해력 향상에 도움을 주기 위해 개발한 독서 전략입니다. 설명문에 대한 읽기수업모형으로 처음 개발되고 독서 전, 중, 후 언제든 사용이 가능합니다. 아마 독서논술학원 등에서 이 틀을 변형한 것을 많이 보았을 것입니다.

K는 Know의 앞글자입니다. **읽기 전에 제목이나 저자 등을 보고 내가 그것에 대해 아는 것을 생각합니다.** 아이와 제목이나 저자를 보고 전에 읽었던 책의 내용이나 작가에 대한 것, 관련된 경험을 이야기하며 적도록 합니다.

W는 Want to learn으로 알고 싶은 것입니다. **읽으면서 알고 싶은 것을 정리합니다.** 책을 읽기 전에 써도 되고 읽으면서 알고 싶은 것이 생기면 써도 됩니다.

L은 Learned로 배운 것입니다. 독서를 하고나서 독서를 통해 **알게 된 새로운 것을 정리합니다.** 알고 싶은 것에 대한 답도 좋고, 새롭게 알게 된 것도 좋습니다.

KWL 독서법은 빈 종이에 아래와 같이 세 칸을 만듭니다. 아이에게 책을 읽으면서 빈 칸에 들어갈 내용을 쓰게 합니다. 비교적 간단하게 사용할 수 있는 독서 전략이라 활용도가 높은 편입니다.

이 책에 대해 내가 알고 있는 것	
이 책에서 알고 싶은 것	
이 책에서 배운 것	

　매번 이런 독서전략을 사용할 수는 없겠지만 아이가 읽는 책 중 한두 권이라도 독서전략을 사용한다면 국어 공부에 도움이 되는 전략적 독서 습관을 완성할 수 있을 것입니다.

3

국어 훈련의 근본은
문맥파악

문맥 파악이란

영어 선생님이 수업을 마치고 교무실에 들어와 자리에 앉으며 나에게 건넨 말입니다.

"선생님. 오늘 수업시간에 '경유지'라는 단어가 나왔어요. 그런데 애들이 뭐라고 하는지 아세요?"

선생님의 이야기인 즉슨, 이랬습니다.

영어 수업시간에 지문을 해석하고 있었습니다. 버스를 타고 여행을 가는 내용의 지문이었는데, '경유지를 들러서 향했다'라는 부분이 나왔습니다. 선생님은 영어를 읽고 해석하고 설명했습니다. 그런데 한 아이가 조심스럽게 손을 들더니 이렇게 질문하는 것이었습니다.

"선생님, 그런데 경유지가 무슨 뜻이에요?"

"경유지? 경유지 몰라?"

갑자기 교실이 조용해지면서 한 아이가 자신 없는 소리로 대답합니다.

"…경유가 나는 땅이요?"

선생님은 마음속으로 빵 터졌지만 웃지 않고 한번 아이들의 반응이 궁금해서 장난을 쳤습니다.

"그래, 경유가 나는 땅이 경유지지."

"야, 그것 봐. 경유지는 경유가 나는 땅 맞잖아!"

"이상하다. 경유지라고 하면 말이 이상한데…."

선생님은 계속 장난을 쳤습니다.

"경유지는 경유가 나는 땅이야. 그럼 휘발유가 나는 땅은 뭐겠어?"

"휘발유지요."

아이들은 진지했습니다.

선생님은 더 이상은 웃겨서 농담을 하지 못하겠더랍니다.

"얘들아, 경유지는 경유가 나는 땅이 아니고, 지날 경, 말미암을 유, 땅 지. 지나가는 땅을 경유지라고 해."

"아~."

이 아이들은 일반 인문계 고등학교 1학년 학생들이었습니다.

아이들은 경유지라는 뜻을 모르는 데다, 영어를 해석하면서 앞뒤 문장을 통해서 경유지의 뜻을 충분히 유추할 수 있었을 텐데 그것조차도 하지 못한 것입니다. 웃기면서도 안타까운 현실입니다.

어휘력을 익히기 위해서 어떻게 해야 할까요?

국어의 어휘는 맥락 안에서 자연스럽게 체득해야 합니다. 글을 읽으면 그 글이 무슨 말을 하는지 알아야 합니다. 독서는 단순히 글자를 읽는 행위가 아닙니다. 그 속에서 무슨 말을 하는지 찾아야 합니다. 글을 읽을 때 어휘력이 높아야 문장을 제대로 이해할 수 있습니다.

글을 읽다보면 모르는 단어가 나올 때가 있습니다. 이런 단어가 나오면 대부분의 사람들은 그 단어를 지나치고 읽거나 바로 사전을 찾습니다. 하지만 모르는 단어가 나올 때 문맥을 파악해서 단어의 뜻을 추측하는 사고 과정을 거쳐야 합니다. 사전을 찾는 것은 내가 추측한 단어의 뜻이 맞는지 확인하기 위한 것입니다. 단어를 추측하는 사고 과정 없이 단어를 지나치거나 사전만 찾으면 그 단어의 뜻을 제대로 기억하지 못합니다.

한 편의 글은 하나의 주제를 가지고 있습니다. 문단은 주제를 나타내기 위해 다양하게 하는 이야기 중 같은 이야기를 담은 하나의 덩어리입니다. 그리고 한 문단을 이루는 문장들은 서로 연결되어 있습니다. **문맥은 문장과 문장 사이의 흐름입니다.** 문장 사이의 흐름은 눈에 보이지 않습니다. 문장의 흐름을 따라가기 위해서는 글의 내용을 제대로 이해해야 합니다.

글의 흐름을 따라가며 읽다 보면 모르는 단어나 말에 걸릴 때가 있습니다. 글 전체의 흐름을 방해하지 않을 정도의 양이라면 아이 혼자 앞뒤 문장을 살펴서 단어나 말의 뜻을 유추할 수 있습니다.

하지만 어떤 글의 경우에는 작은 장애물들이 계속 나오거나 글의 흐름을 따라가지 못할 정도로 큰 장애물이 나오기도 합니다. 그때는 글의 흐름을 파악하지도 못하고 글의 내용도 이해하기 힘듭니다. 글자는 읽고 있지만 글의 내용은 파악하지 못하는 것입니다. 그 글은 읽었다고 말할 수 없습니다.

보통 한 페이지에 모르는 단어가 5개 이하여야 그 글을 이해하며 읽을 수 있습니다. **페이지당 모르는 단어가 5개 이상일 경우, 그 책**

의 수준이 아이의 읽기 수준보다 높을 가능성이 있습니다. 자기 읽기 수준보다 책의 수준이 높으면 책의 내용을 이해하지 못하고 책을 싫어할 수 있습니다. 책을 고를 때는 아이의 읽기 수준에 맞는 책을 골라야 합니다. 자신의 수준에 맞는 책을 읽으며 내용을 이해해야 합니다. 그래야 모르는 단어가 나와도 문맥을 통해서 단어의 뜻을 유추할 수 있습니다.

글을 이해하며 읽으면 처음에는 단어의 뜻을 모를 수 있습니다. 하지만 반복되어서 나오는 그 단어가 쓰인 문장들의 앞뒤 문장을 살펴서 뜻을 유추할 수 있습니다. 그런데 글을 다 읽어도 그 단어의 뜻이 파악되지 않는 경우도 있습니다. 그때는 국어사전을 찾아야 합니다.

국어사전을 찾을 때에도 단어의 뜻만 보면 안 됩니다. 단어를 찾으면 비슷한 말이나 반대말, 예문 등이 함께 있습니다. 이것을 같이 봐야 합니다. 단어의 뜻뿐 아니라 다른 단어와의 관계를 파악해야 문맥을 파악하기 쉽습니다.

문맥을 파악하기 위해서는 글을 꾸준히 읽고 단어의 뜻을 유추하는 훈련을 해야 합니다. 책을 제대로 읽고 맥락을 파악해야 문해력을 높일 수 있습니다. 문해력이 높아야 교과서의 내용을 제대로 읽을 수 있고 시험을 칠 때도 출제자의 의도를 쉽게 파악할 수 있습니다.

의미 단위로 소리 내어 읽기

보통은 초등학교 때 쉼표나 마침표 같은 문장 부호 뒤에 어느 정도 쉬었다가 읽으라는 정도만 다룹니다. 그렇지만 **문장 부호가 없는 일반 문장 안에서도 띄어 읽어야 글의 의미를 제대로 파악할 수 있습니다.** 띄어 읽기라고 하면 보통 띄어쓰기를 먼저 떠올립니다. 하지만 띄어쓰기는 띄어 읽기의 기준이 아니라 글자 그대로 쓰기의 기준입니다.

우리말은 하나의 의미를 가진 말을 한 이절로 띄어 쓰며 조사의 경우에만 붙여 쓰도록 합니다. 초등학교에서 '아버지가 방에 들어가신다', '아버지 가방에 들어가신다'의 차이를 가르치면서 띄어쓰기의 중요성에 대해 강조합니다. 짧은 글의 경우는 띄어쓰기 단위로 읽어도 내용을 파악하는데 별 무리가 없습니다.

그런데 긴 글을 읽다보면 모든 띄어쓰기를 한 부분이 똑같은 간격으로 띄어 읽히지 않습니다. **띄어쓰기가 된 곳을 똑같이 띄어 읽으면 오히려 글의 의미를 파악하기 힘듭니다.** 소리를 내서 글을 읽어보세요. 어떤 곳은 상대적으로 짧게 띄어 읽고 어떤 곳은 상대적으로 길게 띄어 읽는 부분이 생깁니다.

글을 쓰는 사람이 읽는 사람의 호흡을 고려해 일일이 숨의 길이를 다르게 표시해놓으면 좋겠지만 그렇게 하지 않아도 글을 읽어보면 자연스럽게 숨의 길이를 다르게 멈추면서 읽는 부분이 생깁니다. 바로 이 부분이 의미 단위로 띄어 읽는 기준이 됩니다.

한번 예를 들어볼까요?

'나는 어제 국어 공부를 했다. 그런데 공부가 너무 어려워서 오래 하지 못했다.'

라는 문장을 읽어보세요. 어디를 띄어서 읽을 건지 표시도 해보세요.

'나는/어제/국어/공부를/했다.//그런데/공부가/너무/어려워서/오래/하지/못했다.'//

라고 띄어쓰기 단위를 다 띄어 읽으면 우리 뇌는 12개의 정보를 처리합니다.

그런데 이것을 조금 더 크게 의미 단위로

'나는/어제/국어 공부를/했다.//그런데/공부가/너무 어려워서/오래 하지 못했다.'//

라고 띄어 읽으면 우리 뇌는 8개의 정보를 처리하게 됩니다.

뇌가 한 번에 처리하는 정보의 개수가 4개나 줄어든 것입니다.

'나는/어제/국어 공부를 했다.//그런데/공부가 너무 어려워서/오래 하지 못했다.'//

라고 의미 단위를 더 크게 묶어서 한 번에 처리할 정보의 개수를 더 줄일 수도 있습니다. 물론 글로 쓰느라 띄어 읽어야 할 곳에 / 표시를 했지만 실제로 / 표시 부분이 다 똑같은 길이로 띄어 읽는 것은 아닙니다.

너무 작은 단위로 띄어서 읽으면 읽는 속도가 느려지고 처리해야 하는 정보의 개수가 많아집니다. **띄어쓰기 단위로 하나하나 읽으며 처리하다보면 앞의 내용을 잊게 됩니다. 의미 단위로 띄어 읽는 범위를 크게 만들어야 합니다.** 의미 단위로 띄어 읽는 범위는 사람마다 다릅니다. 독서경험이나 배경지식, 글의 난이도 등에 따라서 읽는 사람의 머릿속에서 한 번에 처리할 수 있는 한 덩어리의 의미 크기는 다 다르기 때문입니다. 그래서 읽는 사람마다 한 번에 읽을 수 있는 의미 단위는 달라집니다.

독서 속도를 높이기 위해서 한 번에 최대한 많은 양을 묶어서 읽는 훈련을 해야 합니다. 의미 단위를 계속 크게 잡아가면서 띄어 읽기 훈련을 하면 한 번에 점점 많은 양을 읽을 수 있습니다. 띄어 읽기의 범위가 클수록 읽는 속도가 빨라집니다. 띄어 읽을 수 있는 양과 띄어 읽는 사이의 길이도 사람마다 다릅니다.

대략 기준을 나누면 문장 안에서 우선 주어부와 서술부를 제일 큰 덩어리로 끊어 읽습니다. 그리고 부사절, 관형절 등의 단위를 묶어서 같은 절을 한 덩어리로 띄어 읽습니다. 쉼표가 있는 부분은 반드시 띄어 읽어야 합니다.

그리고 문장이 끝나는 마침표가 있으면 문장 안에서 제일 길게 띄어 읽습니다. 문단이 끝날 때마다 문장이 끝났을 때보다 길게 띄어 읽고 다음 문단으로 넘어가면 됩니다.

제가 학생이었을 때, 국어 선생님들은 항상 번호대로 돌아가면서 교과서의 본문을 읽혔습니다. 그 당시 저는 그 시간이 별로 의미 없는 시간이라고 생각했습니다. 눈으로 본문을 읽는 것이 훨씬 속도가 빨랐기 때문입니다. 그래서 제가 선생님이 되고나서는 아이들에게 교과서 본문을 잘 읽히지 않았습니다. 제가 읽거나 녹음된 소리를 들려주었습니다.

그러던 어느 날 우연히 아이들에게 교과서 본문 읽기를 시키고 깜짝 놀랐습니다. 생각보다 많은 아이들이 글을 제대로 읽지 못했습니다. 그 뒤로는 소설을 다룰 때는 되도록 한 반의 아이들이 모두 교과서의 본문을 소리 내며 읽도록 지도하고 있습니다.

문맥을 파악한다는 말은 단순히 글자나 문장을 읽기만 하는 작업을 의미하는 것이 아닙니다. 글을 읽으며 그 이면의 의미를 생각하고, 전체적인 글의 흐름도 생각하면서 글쓴이의 의도까지 파악해야 하는 복잡한 사고과정입니다. 글을 읽을 때 의미 단위로 묶어 읽어야 글의 의미를 제대로 파악할 수 있습니다.

아이가 눈으로만 책을 읽으면 의미 단위를 제대로 파악하고 있는지 확인하기 힘듭니다. 책을 읽을 때 소리를 내며 읽도록 해야 합니다. 아이가 책을 읽는 소리를 들으면서 읽는 의미 단위로 읽는 법을 가르쳐야 합니다.

어떻게 해야 아이에게 의미 단위를 자연스럽게 익히게 할 수 있을까요?

엄마 아빠가 책을 소리 내서 읽어주면 됩니다.

함께 소리 내면서 책을 읽으면 아이는 엄마 아빠가 문장을 읽는 방식을 따라 읽습니다. 그 과정에서 의미 단위로 띄어 읽는 방법을 익힙니다. 아이가 의미 단위로 읽는 것이 익숙해지면 묵독으로 책을 읽게 합니다. 그 단계가 되면 문장을 빠르게 파악할 수 있습니다. 많은 글을 읽으면서 의미 단위를 점점 큰 덩어리로 만들도록 합니다.

띄어 읽기를 통해서 문맥을 올바르게 파악하는 힘을 키워 주세요.

문맥 파악 전략

문맥을 파악하기 위해서는 크게 두 가지 방법이 있습니다.

첫째, 문맥을 파악하기 위해서는 우선 많이 읽어야 합니다.

많이 읽어야 글을 많이 접할 수 있고, 그래야 문맥을 파악하는 방법을 체득할 수 있습니다. 이때 주의할 것이 있습니다. 문맥을 제대로 파악하기 위해서는 글을 읽을 때 즐겁게 읽어야 합니다. 우리의 뇌는 무엇이든 억지로 하면 제대로 움직이지 않습니다. 그래서 문맥을 파악하기 위해서는 어떤 책이든 아이가 재미있고 즐겁게 읽을 수 있는 책으로 골라 읽혀야 합니다.

즐겁게 책을 읽으면 그 다음으로는 책을 집중해서 읽게 합니다. 책을 읽으면 글의 흐름이 보입니다. 그 흐름에 대한 감이 있어야 문맥을 파악하기 쉽습니다. 아이가 글의 문맥을 파악하기 위해서는 전략을 짜야 합니다.

우선 짧은 글로 된 책을 꺼냅니다. 의미 단위로 소리를 내며 아이와 함께 읽습니다. 짧은 글은 의미를 파악하기가 쉽고, 글의 흐름도 길지 않아서 쉽게 문맥을 파악할 수 있습니다. 어느 정도 아이가 문맥을 파악하면 다음 단계로 넘어갑니다. 첫 단계보다 긴 글로 된 책을 꺼내 의미 단위로 소리를 내며 읽습니다. 처음에는 엄마와 함께 읽다가 두 번째부터는 아이가 혼자서 소리를 내며 읽도록 합니다. 아이가 읽는 소리를 들으면 제대로 이해하고 읽고 있는지 아닌지 파악할 수 있습니다. 제대로 이해하지 못하고 읽거나 힘들어한다면 다시 같이 소리 내며 읽습니다.

의미를 제대로 파악하며 읽고 있다면 이제는 묵독으로 넘어갑니다. 묵독을 할 때도 한 페이지 정도는 소리 내며 읽게 합니다. 그래야 아이가 제대로 읽고 있는지 확인할 수 있습니다. 때로는 글에서 아이가 모를 것 같은 단어 한두 개를 툭툭 물어봅니다. 의미를 정확하게 설명하지 못해도 상황 설명을 하면 아이는 문맥을 제대로 파악하고 있는 것입니다.

둘째, 문맥을 파악하기 위해서 글을 쓰게 합니다.

문맥을 파악하기 위해 왜 글을 써야 하나라고 생각 할 수 있습니다. 하지만 글을 쓰는 것은 쉬운 일이 아닙니다. 글은 단어의 단순한 나열이 아닙니다. 엄청난 사고의 결과물입니다.

사람들은 보통 자기 의견을 표현하기 위한 수단으로 말을 하거나 글을 씁니다. 그런데 말이라는 것은 말 그 자체의 메시지로 전달되지 않습니다. 말하는 사람의 어조, 표정, 태도, 말할 때의 상황 등에 의해 말은 다양하게 해석이 가능합니다. 게다가 말은 하고 나면 사라집니다. 말을 하고 들은 사람은 있지만 말 그 자체는 남아 있지 않습니다. 그래서 말을 하는 사람은 자신이 상황에 적절한 말을 사용하고 있는지, 자신의 말이 앞뒤가 맞는지 등을 판단하기 힘듭니다.

하지만 글은 다릅니다. 글은 글을 쓰는 사람의 어조, 표정, 태도, 상황 등이 거의 고려되지 않습니다. 그래서 글 자체를 통해서 내가 하고자 하는 말을 어떻게 전달할 것인지, 내가 쓰는 이 말이 글에 어울리는지, 문장의 호응이 올바른지 등을 고민해야 합니다.

글을 읽는 것은 이미 누군가가 만들어 놓은 문맥이라는 흐름을 따라가는 것입니다. **글을 쓰는 것은 아무것도 없는 공간에 내가 문맥이라는 길의 흐름을 만드는 것입니다.** 누군가가 만들어 놓은 것을 따라가는 것은 어렵지 않습니다. 하지만 내가 새로운 것을 만드는 것은 결코 쉬운 일이 아닙니다.

길을 만들기 위해서 어떤 도구를 사용해야 하는지, 길의 모양은 어떻게 만들 것인지 등을 고민하고 시도해보아야 합니다. 하지만 그렇게 한다고 해서 내가 원하는 대로 길을 만들기는 힘듭니다. 길을 만드는 것 자체도 쉽지 않습니다.

글을 쓸 때 이런 여러 고민을 하는 과정에서 글의 흐름을 통해 문맥을 파악하는 방법을 깨닫습니다. 실패해도 괜찮습니다. 고민하는 과정 자체가 의미 있기 때문입니다.

글쓰기에서 제일 좋은 도구는 일기입니다.

일기를 매일 쓸 필요는 없습니다. 일주일에 한두 번이면 됩니다. 하루에 있었던 일 중에서 기억에 남거나, 자기가 쓰고 싶은 것들을 꾸준히 씁니다. 일기를 쓰면 자기 생각도 정리할 수 있고, 문맥을 파악하는 힘도 키울 수 있습니다.

교과서도 똑똑하게
읽어야 합니다

학교 수업에 참여한다는 것

교육부에서는 각 학년의 성취기준을 마련하고 그 성취기준에 따라 학습 목표를 정합니다.

이 학습 목표를 가장 잘 수행할 수 있도록 만든 교재가 교과서입니다. 교과서의 목차와 학습 목표는 교과서를 어떻게 봐야 하는지 안내하는 지도입니다. 선생님은 교육과정과 성취기준을 어떻게 적용한 것인지 전문적으로 훈련을 받은 전문가입니다. 학교 수업은 전문가인 선생님의 지도에 따라 각 교과별 성취기준에 해당하는 목표

상태에 도달하는 과정입니다.

학교 수업을 잘 듣는 것은 아주 중요합니다.

그런데 학교에서 수업을 제대로 듣지 않는 아이들이 있습니다. 학교 수업시간에는 학원 숙제를 하고, 학원에 가서 학교 숙제를 합니다. 학교 수업과 학원 수업은 같은 내용을 다룹니다. 하지만 두 수업의 학습 목표는 다릅니다. 학교 수업의 목표는 교육과정의 내용을 다양한 활동을 통해 체득하는 것입니다. 학습만을 위한 수업이 학교 수업의 목표가 아닙니다. 학교 수업을 통해 교육과정의 해당 영역을 익히고 학생들이 다양한 사회 구성원으로서 능력을 신장하는 것에 학교 수업의 초점이 맞춰져 있습니다.

학원 수업에서는 아이들의 활동이 필요하지 않습니다. 활동을 학습으로 배웁니다. 이런 이유로 성적과 직결되는 것은 학원 수업입니다. 그래서 많은 아이가 학원에 다니며 학원에 의존합니다. 하지만 중고등학교에서 시험 문제를 내는 사람은 학원 선생님이 아닙니다. 학교 선생님입니다.

학교 선생님의 수업은 출제자 직강입니다. 출제자가 자신이 낸 문제를 가르치는데 제대로 듣지 않고 따로 공부를 한다는 것은 어불성설입니다. 수업시간에는 집중해서 들어야 합니다. 수업시간 선생님이 설명하는 중에 강조하는 부분이 있고, 간단하게 설명하고 넘어가는 부분도 있습니다. 교과서에는 이것이 구분되어 있지 않습니다. 수업시간에만 들을 수 있는 것입니다. 이것을 구분하려면 집중해서 학교 수업을 들어야 합니다. 그 뒤 학원 수업을 들으면서 학교 수업의 내용을 정리합니다.

학교 수업과 학원 수업의 균형을 맞추어야 합니다. 공부를 잘하는 아이들은 대부분 학교 수업을 충실하게 듣습니다. 수업 중 선생님이 내주는 과제물을 챙기고 수업을 듣다가 중요한 부분은 필기도 합니다. 하지만 공부를 잘 하지 않는 아이들은 대부분 학교 수업을 제대로 듣지 않습니다.

이미 선행해서 알고 있다고 생각하고 건성으로 수업을 듣거나 이해하지 못하는 경우도 있습니다. 그러니 과제물도 제대로 챙기지 않고 어디에 필기를 해야 하는지도 잘 모릅니다. 심지어 과제물을 잃어버리는 경우도 많습니다.

시험 기간이 되면 이 아이들의 차이는 더욱 분명해집니다. **공부를 잘하는 아이들은 이미 수업을 제대로 듣고 이해해서 공부하는 시간이 길지 않습니다.** 하지만 공부를 잘 하지 않는 아이들은 수업시간에 이해하지 못했기 때문에 다시 처음부터 공부해야 합니다.

시험대비 시간이 시간이 길어질 수밖에 없습니다. 선생님의 말씀을 듣지 않았기 때문에 선생님이 강조한 부분과 간단하게 설명한 부분을 구분하지도 못합니다. 다 중요하게 느껴져서 어디에 초점을 두고 공부해야 하는지도 헤맵니다. 결국 시험 범위까지 공부를 다 못하고 시험을 치는 경우도 허다합니다.

초등학교 때와 중고등학교 때의 수업 내용은 이어집니다. 기초를 단단히 다져야 학습의 효과가 배가 됩니다. 아이에게 교과서가 기본이고, 선생님의 수업을 잘 들어야 한다고 강조해주세요.

부모님이 학교에 대해 가지고 있는 생각과 태도가 말이나 행동을 통해서 은연중에 드러납니다. 아이는 부모님의 영향을 그대로 받습니다. 부모님의 학교에 대한 생각이나 태도가 아이의 수업 태도에 영향을 줍니다.

교과서, 학교 공부의 안내서

교과서는 교육과정 전문가들이 어휘 하나, 삽화 하나까지 교육과정을 반영해서 만든 것입니다. 교육과정을 가장 전문적으로 반영한 교재입니다.

중고등학생들 중에서 스스로 교과서를 읽고 내용을 정리하며 공부하는 아이들은 별로 없습니다. 대부분 참고서나 자습서를 보거나 학원이 수업 내용을 정리한 강의에 의존합니다. **다른 누군가가 정리해놓은 것에 의존해서 공부하면 보기에는 깔끔할 수 있지만 자기 주도적 학습 능력을 기를 수 없습니다.** 다소 무모해 보이고, 좀 부족하더라도 스스로 읽고 생각하며 정리하는 과정을 거쳐야 합니다.

학교에서 수업을 할 때 가장 기본 교재는 교과서입니다. 시험을 잘 치기 위해서 교과서를 중심으로 수업을 들으면서 수업 내용을 정리해야 합니다. 그런데 많은 아이가 수업시간에 필기구를 손에 들고 있지 않습니다.

그러다가 필기하라고 하면 이렇게 말합니다.

"잠깐만요, 몇 페이지라고요? 다시 한 번 말해주세요."

아이들의 질문에 선생님은 똑같은 대답을 스무 번 넘게 반복합니다. 하지만 몇몇 아이들은 한 글자 한 글자 다시 불러달라고 말합니다. 많은 아이가 자기의 생각과 느낌을 쓰는 부분임에도 스스로 생각하지 않고 선생님이 예시로 든 답을 그대로 씁니다.

공부를 제대로 하기 위해서는 **수업이 끝난 뒤, 교과서를 다시 읽고 필기한 내용을 바탕으로 복습해야 합니다.** 그런데 아이들 대부분은 수업이 끝나자마자 교과서를 덮어버리고 다시 복습하지 않습니다. 시험 기간이 되면 아이들은 자습서나, 문제집, 또는 학원에서 제공한 프린트물을 보면서 공부합니다. 어느 특정 학교나 학급의 이야기가 아닙니다. 중고등학생들의 수업시간이나 공부 방법이 거의 비슷합니다.

제일 중요한 것은 교과서입니다. 학교 선생님들은 참고서나 자습서를 바탕으로 시험 문제를 내지 않습니다. 교과서를 기본으로 하여 수업을 구상하고 교과서와 수업시간에 다룬 내용을 바탕으로 시험 문제를 냅니다. 참고서나 자습서, 전년도 기출문제를 참고할 때는 지필평가 문제를 내고, 이번 지필고사에서 아예 중복되는 부분을 제외하기 위해서 확인할 때뿐입니다.

그래서 공부를 할 때는 교과서를 읽고, 학교 수업을 들으면서 내용을 제대로 이해해야 합니다. 그리고 그것을 바탕으로 스스로 정리하면서 공부해야 합니다. 내가 공부한 내용이 제대로 되었는지 확인하는 용도로 참고서나 자습서, 인터넷 강의를 활용해야 합니다. 국어뿐 아니라 전 과목이 마찬가지입니다.

그런데 아이들은 참고서나 자습서를 바탕으로 공부합니다. 심지어 수업시간에 교과서가 아닌 자습서를 펼쳐놓고 수업을 듣는 경우도 있습니다. 학원이나 인강을 통해 누군가가 핵심 내용을 정리해주는 내용을 그대로 받아들이고 그것을 외우기만 하는 것에 더 익숙합니다. 하지만 아무리 좋은 참고서나 자습서, 인강 등이 있다 하더라도 그것은 교과서의 보조교재일 뿐입니다. 학교 공부를 할 때 중심은 교과서와 학교 선생님의 수업이어야 합니다.

기본적인 공부 방법은 교과서를 읽는 것입니다. 교과서를 이해가 될 때까지 반복해서 읽고, 교과서가 이해되면 참고서를 통해 제대로 이해했는지 확인합니다.

학교 선생님의 수업을 들으며 자신이 이해한 교과서의 내용이 맞는지 비교합니다. 자신이 이해한 내용이 맞으면 그 부분은 그대로 공부하고 이해한 내용과 다르면 선생님께 질문해서 다시 공부해야 합니다. 이렇게 수업을 듣기 위해서는 수업시간에 집중해야 합니다.

누군가에 의해 정리된 교재로 공부하면 안 됩니다. 날 것 그대로의 교과서를 읽고 핵심 내용을 찾아서 직접 구조화하면서 공부해야 합니다. 아무리 많이 읽고 공부했어도 스스로 분석하지 못하면 아무리 공부를 열심히 해도 성적이 잘 나오지 않습니다.

이렇게 교과서를 읽으면서 스스로 정리하는 공부를 해야 고등학생이 되었을 때도 자기 주도적 학습을 할 수 있습니다. 시대가 변해도 가장 기본적인 공부 방법은 교과서 읽기와 수업듣기입니다.

서술형 평가와 과정 중심 평가,
수행평가까지

2015 개정 교육과정이 도입되면서 나타난 가장 큰 변화 중의 하나가 교수평기 일체화입니다.

교수평기 일체화란 교육과정-수업-평가-기록 일체화의 줄임말입니다. 그동안 완전히 연계되지 않았던 교육과정, 수업, 평가를 이어지도록 선생님이 수업을 디자인하는 것입니다. 교육과정을 재구성하고 그 내용을 바탕으로 아이들이 수업에 참여할 수 있도록 수업을 디자인합니다. 이 모든 과정은 아이들의 성장에 초점이 맞춰져 있습니다. 이 과정을 수행평가 및 지필평가에 반영하고 그 내용을 학생부의 교과별 세부능력 특기사항에 기록합니다.

교수평기 일체화 전에도 서술형 평가, 과정 중심 평가, 수행평가가 있었습니다. 하지만 이 평가들이 서로 연계되지 못하고 따로 실시되는 경향이 있었습니다. 교수평기 일체화를 통해 교육과정, 수업, 평가가 하나로 연결되면서 서술형 평가, 과정 중심 평가, 수행평가도 연결되었습니다.

수행평가의 비중이 확대된다거나 서술형 평가가 100%로 출제된다는 말이 들립니다. 이때마다 엄마들의 마음은 불안합니다.

서술형 평가, 과정 중심 평가, 수행평가가 무엇일까요?

서술형 평가는 학생들에게 단순한 지식을 외우기보다는 자기의 생각을 정리해서 문제를 해결할 수 있는 사람으로 기르기 위한 평가입니다. 서술형 문제를 낼 때, 선생님들은 교과서와 수업했던 내용을 바탕으로 시험 문제를 냅니다. 시험 문제는 반드시 수업시간에 다루었던 내용이 나옵니다. 절대 배운 적이 없는 문제가 하늘에서 뚝 떨어지지는 않습니다.

국어의 경우, 학교 분위기에 따라 차이는 있겠지만 중학교는 대체로 교과서에서 수업했던 내용을 그대로 시험 문제로 내는 편입니다. 고등학교는 등급을 내야 하기 때문에 주로 수업했던 내용을 응용해서 시험 문제를 만듭니다. 예를 들어, A라는 내용을 수업시간에 배웠다면 중학교에서는 'A에 대해서 서술하시오'라는 단순한 문제 유형으로 출제합니다. 하지만 고등학교에서는 낯선 작품을 제시하고 '이 작품을 A의 내용을 바탕으로 서술하시오'라는 응용 유형의 문제를 출제합니다.

서술형 평가를 잘 준비하기 위해서는 교과서 내용을 이해하고, 수업시간에 선생님의 말씀에 집중하면서 필기도 꼼꼼하게 해야 합니다. 자습서나 참고서, 인강만으로는 완벽한 시험 준비를 할 수 없습니다. 수업시간 동안의 선생님 강의 안에 서술형 답이 모두 있습니다. 수업을 자기 것으로 만들면 충분히 서술형 문제의 답을 정확하게 쓸 수 있습니다.

서술형 문제라는 말을 처음 들으면 막연하고 어렵게 느껴집니다. 하지만 시험을 쳐보면 별로 어렵지 않습니다. 서술형 문제의 틀은 교과서를 보면 쉽게 찾을 수 있습니다. 교과서의 학습활동 문제가 서술형 문제의 유형이라고 보면 됩니다.

아이들이 수업 중에 하는 다양한 활동 과정을 점수화하고, 그 결과물을 함께 평가하는 것이 수행평가입니다. 수업 중의 활동 과정을 평가하는 것이 과정 중심 평가입니다.

수행평가나 과정 중심 평가를 한다고 해서 지금까지의 수업 내용이나 방법이 크게 달라지거나 평가를 위한 특별한 준비가 필요하지 않습니다. 평소처럼 수업에 참여하고 활동하면 됩니다.

이 평가에서 선생님은 아이들의 수업 내용을 평가하고 등급을 매기는 감독관이 아닙니다. 아이들이 수업에 참여하는 모습을 가까이에서 관찰하고, 도움이 필요하면 도와주는 조력자입니다. 아이들과 함께 수업을 만들고 아이들이 얼마나 성장하는지 변화과정을 살펴보는 운명 공동체입니다.

서술형 평가가 확대되거나, 과정 중심 평가로 변화하는 등 어떠

한 방향으로 평가방식이 변한다고 하더라도 학부모와 아이들은 절대 흔들릴 필요가 없습니다. 결국 어떤 평가든 수업을 기반으로 합니다. 그리고 그 수업은 교과서를 중심으로 합니다. 수업과 교과서에 충실한 자세라면 무서울 것이 없습니다.

3부

학년별 국어 공부와 독서 I
: 초등 저학년 (1~3학년)

학년별로 국어 공부와 독서는 어떻게 해야 할까요? 초등 저학년과 고학년, 중고등학생은 각각 국어 공부와 독서 목표에 대한 생각이나 접근이 달라야 합니다. 각 시기에 따라 어떻게 국어 공부와 독서를 할 것인지 살펴보겠습니다. 초등 저학년은 이제 학교생활에 갓 발을 디딘 꼬맹이들입니다. 초등 저학년부터 너무 달리지 마세요. 여유로운 마음으로 천천히 기초부터 하나하나 다지면서 걸어가면 됩니다.

국어 공부의
큰 그림 그리기

저학년의 독서 목적, 습관 잡기

초등학교에 입학한 아이를 보면 마음이 조급합니다. 여기저기 검색해보고 주변의 이야기를 들어보면 이미 초등학교 저학년부터 사교육을 달리고 있다는 이야기가 들립니다. 누구는 수학을 몇 학년 앞서서 선행하고 있고, 누구는 해리포터를 원서로 읽는다고 합니다. 그런 말을 들을 때마다 엄마의 마음이 조급해질 수밖에 없습니다.

하지만 아직은 그리 서두를 필요가 없습니다. 초등학교에서 아이의 학교생활이 끝나지 않습니다. 고등학교까지 12년이라는 시간이 있습니다. 아이는 이제 그 출발선에 발을 내려놓았을 뿐입니다.

우리는 늘 인생을 마라톤에 비유합니다. **아이들의 삶도 마라톤이라면 초등 저학년 시기는 서두를 시간이 아닙니다. 마라톤 초반부터 최선을 다해 달리면 지쳐서 끝까지 달릴 수 없습니다.** 지금은 최선을 다해 달릴 때가 아닙니다. 경주 초반, 아이의 컨디션을 조절하고 주변 환경을 탐색해서 환경에 맞추어서 아이의 페이스를 찾아야 할 때입니다.

초등 저학년 아이가 독서를 하는 목적은 무엇인가요?

그 아이가 지금 읽고 있는 많은 책이 나중에 아이에게 도움이 될까요?

혹시 이 책을 읽는 부모님께서는 초등 저학년 때 읽었던 책 중에서 지금까지 기억에 남고, 자신의 삶에 영향을 끼친 책이 있나요? 아마 초등 저학년 때 읽었던 책은 기억도 안 날 것입니다. 기억이 난다고 해도 아련하게 날 뿐입니다.

그렇다면 초등 저학년 아이에게 독서의 목적은 무엇이 되어야 할까요?

큰 그림을 봐야 합니다. 아이는 지금부터 고등학교 때까지 쭉 독서를 할 겁니다. **지금은 그 독서를 위한 기틀을 다져야 할 시기입니다.**

고등학교 때까지 독서를 꾸준히 하기 위해 필요한 것은 무엇일까요?

그것은 바로 독서 습관입니다. 생각보다 아이들은 한자리에 오래 앉아있지 못합니다. 오죽하면 아이들이 집중할 수 있는 시간은 자기의 나이라는 말이 나왔을까요. 8살은 8분, 9살은 9분, 10살은 10분이 아이가 집중할 수 있는 시간입니다. 그 시간마저도 아이들은 가만히 앉아있기 힘들어 합니다.

이 아이들에게 필요한 것은 한 곳에 꾸준히 앉아서 책을 읽는 습관입니다. 독서 습관을 만들기 위해서 아이들이 좋아할 만한 책을 읽어주고, 아이가 책을 직접 읽을 수 읽도록 지도해야 합니다. 어렵지 않습니다. 독서를 매일. 꾸준히. 습관이 되게 돕기. 그것이 다입니다.

다만 학년이 올라갈수록 책 속의 문장 길이가 조금씩 길어지고, 책의 두께가 두꺼워져야 합니다. 그리고 한 번에 책을 읽는 시간도 점차 늘려야 합니다. 그러기 위해서는 아이가 재미있어할 만한 책을 찾아야 합니다.

학년별 필독 도서보다는 아이만의 독서 지도를 만들 수 있어야 합니다. 아이가 책을 많이 좋아하지 않는다면 책 이외의 것을 활용해서 책에 관심을 가지게 해야 합니다. 요즈음에는 책을 애니메이션이나 영화 등의 다양한 매체로 만든 작품이 많습니다. 반대로 애니메이션이나 영화 등의 작품을 책으로 만든 것도 많습니다. 심지어 책과 영화가 동시에 나오기도 합니다. 이런 다양한 매체의 작품을 활용해서 책에 흥미를 꾸준히 유지하도록 해야 합니다.

중고등학교에 다니면서 책을 꾸준히 읽게 하려면 초등시기에 독서를 습관화 시켜야 합니다. 초등 저학년 아이에게 가장 필요한 것은 독서 습관을 잡는 것이라는 것을 꼭 기억하세요.

그림책으로 상상력과 지적 호기심 채우기

초등 1~2학년 때는 상상력을 발휘할 수 있는 그림책을 많이 읽히는 것이 좋습니다. 그림책은 글보다 그림이 중심으로, 그림과 글이 조화를 이루고 있는 책입니다. 그림책은 글의 길이가 짧아 쉽게 읽을 수 있고 같은 책을 여러 번 봐도 힘들지 않습니다. 또한 책을 읽는 시간이 짧아 한 번에 많이 읽을 수 있어서 성취감도 얻을 수 있습니다.

저는 그림책을 펼칠 때마다 놀랍다는 생각을 합니다. 그림책 각각의 페이지마다 예술 작품들이 펼쳐집니다. 다양한 분야의 미술 전문가들이 그림책에 자신의 재능을 펼쳐 놓습니다. 그림책에는 수묵화, 판화, 유화, 종이접기, 인형 등 다양한 미술 기법을 사용한 아름

다운 그림이 페이지마다 가득합니다.

그림책을 많이 보면 미술관에 따로 가지 않아도 다양한 예술 작품을 감상할 수 있습니다. 이를 통해 색채 감각을 키우고 그림의 구도나 표현 방법 등도 익힐 수 있습니다. 그림책은 읽는 사람의 상상력을 자극할만한 다양한 이야기가 많습니다.

작가는 그림책 구석구석에 자신이 말하고자 하는 것을 담아 놓습니다. 그림으로 사람들에게 말을 거는 것입니다. 그래서 그림책을 볼 때는 글자만 읽거나 그림을 보기만 하면 안 됩니다. 숨은 그림을 찾듯 그림책 보면서 그 의미를 생각하며 읽어야 합니다.

초등 저학년 때는 이런 그림책을 보면서 상상력을 키워야 합니다. 이렇게 쌓은 상상력이 이후에 이어질 이야기책의 바탕이 됩니다. 아이들이 직접 체험할 수 없는 것들을 그림책을 통해 체험할 수 있습니다. 사실을 그대로 보여주는 실사보다 조금 더 부드럽고 상상이 추가된 그림책을 보여주는 것이 아이의 정서에 더 좋습니다. 예쁜 그림의 필터가 씌워진 대상을 보면서 아이들은 몽글몽글한 상상력을 불어 넣을 수 있기 때문입니다.

또한 아이는 그림책의 내용과 비슷한 자신의 경험을 연결해서 이야기를 나누기도 합니다. 반려견이 있는 아이는 그림 속 강아지와 우리 강아지에 대해 이야기를 나눕니다. 또한 우리 강아지와 있었던 일을 이야기로 나누기도 합니다. 집에 반려견이 없다면 전에 보았던 강아지를 떠올리면서 그 경험을 이야기 나눌 수도 있습니다. 강아지가 갖고 싶은 마음을 표현하기도 할 것입니다.

이렇게 그림책을 읽으면서 아이는 자기의 다양한 경험을 떠올립니다. **그림책에서 시작해서 경험으로 이야기가 이어집니다. 그림책을 읽으면서 부모님과 다양한 이야기를 나눌 수 있습니다.** 이런 이유 때문인지 초등학교 1학년부터 6학년 국어 교과서에는 1백여 권 가까운 그림책이 수록되어 있습니다. 그림책이 초등 저학년 아이들만의 전유물이 아니라는 뜻이겠죠.

그림책을 읽힐 때 이 점은 주의하세요.

교육을 목적으로 읽혀서는 안 됩니다. 책을 통한 즐거움이 우선입니다. 아이들은 부모님이 활동에 의미를 부여하면 금세 알아챕니다. 아이가 즐겁게 그림책을 읽을 수 있도록 해주세요.

좋은 그림책은 아이가 자꾸 읽고 싶어 하는 책입니다. 아무리 좋은 그림책이라 하더라도 아이가 읽고 싶어 하지 않는 책은 우리 아이에게는 맞지 않는 책입니다.

그림책에서 이야기책으로

그림책을 계속 읽다 보면 아이는 길이가 **더 긴 책을 읽기를 원하게 됩니다.** 이때 이야기책으로 넘어가면 됩니다.

그림책에서 이야기책으로 넘어가는 시기는 아이들마다 다릅니다. 그림책이 아이의 마음에 가득 차면 아이 스스로 원해서 다음 단계로 넘어가기 때문입니다. 그 시기는 아마 **대략 초등 3~4학년 정도**가 될 것입니다. 이 시기의 아이들은 글을 제법 잘 읽고 씁니다. 아직 맞춤법이 완벽하지는 않지만 자기의 생각을 어느 정도 글로 표현할 수 있습니다.

아이는 그림책을 통해 충분히 눈으로 마음으로 상상하며 책을 읽을 수 있게 되었습니다. 그래서 **이제 이야기책의 글을 보면서도 아이의 머릿속에는 그림책 같은 상상력이 발휘됩니다.** 아이는 그림이 없어도 책의 내용을 마음속으로 그림 그리듯이 읽습니다. 마음에 그려진 그림을 이야기로 나누거나 글로 쓰게 하면 독후 활동으로 연결할 수 있습니다.

이야기책은 종류가 다양합니다. 명작, 전래, 창작 등 여러 영역의 책을 읽으면서 아이는 그림책을 읽을 때와 다른 힘을 키웁니다.

이야기책은 다양한 이야기를 다룹니다. 그동안 아이는 그림책을 통해 미술작품을 감상하며 상상의 나래를 펼쳤습니다. 이제 이야기 책을 읽으면서 재미를 느낄 차례입니다. 이야기책의 재미를 느낀 아이는 책을 계속 읽으려고 할 것입니다.

이야기책은 재미를 느낄만한 매력이 있습니다. 그것은 이야기책 속의 플롯 때문입니다. 플롯은 구성이라고도 하는데 작가가 의도를 갖고 사건을 인과관계에 따라 배열한 것을 말합니다. 단순히 시간 순서대로 쓰는 줄거리와는 다릅니다.

아마 소설을 배울 때 '발단-전개-위기-절정-결말'의 5단 구성을 배웠던 것을 기억할 것입니다. 이런 것이 바로 플롯입니다. 플롯은 이야기책을 쓰기 위한 일종의 설계도입니다. 내가 겪었던 이야기를 그대로 쓰면 줄거리이지만 재미있게 설계하면 플롯을 가진 이야기책이 됩니다.

이야기책을 쓰려면 이야기를 짜임새 있게 만들어야 합니다. 이야기책은 논리적 필연성을 갖고 있습니다. 그래서 이야기책을 많이 읽으면 논리력과 사고력을 키울 수 있습니다. 이야기책의 플롯은 중고등학생이 되었을 때 소설 문학 공부에 큰 도움이 됩니다.

이야기책을 읽으면 상상력이 자극됩니다. 그림책 속의 상상은 다양한 방향의 자유로운 상상력이라면 이야기책 속의 상상은 이야기 속의 상징과 연결된 상상력입니다. 초등 1~2학년 때 그림책을 보면서 자유롭게 하던 상상이 초등 3~4학년이 되면서 이야기책을 통해 구체화되는 것입니다.

이야기책을 많이 읽으면 굳이 지식책을 강요할 필요는 없습니다. 이야기책을 읽는 힘으로 지식책도 충분히 읽을 수 있기 때문입니다. 초등 저학년 아이에게 지식책은 더욱 필요하지 않습니다. **아이가 지루해 하는 지식책 한 권을 억지로 읽히는 것보다 재미있는 이야기책 세 권을 스스로 읽게 하는 게 낫습니다.**

이야기책을 읽으면 이제는 책의 재미를 알았기 때문에 아이가 스스로 책을 찾아서 읽기 시작합니다. 책을 계속 읽던 아이는 어느 순간 누가 시키지 않아도 더 두껍고 수준 높은 책을 찾습니다. 이야기책을 꾸준히 읽으면 어느 순간 아이는 자기도 모르게 읽기 수준이 높아집니다. 그래서 지금까지 읽던 책과 비슷한 수준의 책을 읽으면 자신의 읽기 수준과 맞지 않기 때문에 책에 갈증을 느낍니다. 책에 대한 갈증을 해소하기 위해 스스로 수준 높은 책을 찾는 것입니다.

이야기책을 충분히 읽은 아이는 교과서의 내용도 잘 읽습니다. 국어 교과서 속에는 많은 이야기가 실려 있습니다. 이야기책을 읽듯이 국어 교과서를 읽으면 국어 교과서가 재미있을 수밖에 없습니다. 재미있는 국어 교과서를 통한 공부도 재미있고 이야기를 많이 들을 수 있는 국어 수업도 재미있게 느껴집니다.

국어 수업이 재미있고 즐거운 아이는 국어 공부를 할 때도 적극적일 수밖에 없습니다.

초등 저학년
국어 공부의 7대 3 법칙

아이가 책을 좋아하게
만드는 것이 중요

　우리가 쓰는 모국어는 국어로 이루어져 있습니다. 생각의 틀이 국어로 이루어져 있는 것입니다. 모국어인 국어의 기초가 단단해야 영어나 중국어를 덧대도 흔들리지 않습니다.

　책을 읽다가 모르는 단어가 있으면 국어사전을 찾게 합니다. 초등학생용으로 나오는 국어사전이 있습니다. 이 국어사전은 일반 국어사전보다 두껍지 않고 초등학생인 아이들이 알아야 할 단어만 나와 있습니다. 그래서 아이들이 모르는 단어를 찾기에 편리합니다. 국어사전을 이용하면 인터넷으로 단어를 찾는 것보다 한글 자음과 모음도 훨씬 빨리 익힐 수 있고 사전 속의 다양한 단어들과도 친숙해질 수 있습니다.

독서를 할 때는 아이가 재미있어 하는 내용을 충분히 읽을 수 있도록 해주세요. 아이가 원한다면 책을 읽어주는 것도 좋습니다. 하지만 독서 감상문을 쓰는 것은 조금 기다려주세요. 만일 책을 읽을 때마다 독서 감상문을 써야 한다고 하면 어른도 독서를 거부할 것입니다. 아이들도 마찬가지입니다.

아직은 독서의 재미에 푹 빠지는 것이 좋습니다. 독서의 바다에서 자유형도 하고, 배영도 하고, 평영도 하고, 접영도 하게 놔두세요. 이렇게 하고 싶은 대로 다 하고 나면 독서의 바다는 일상이 될 것입니다.

초등 저학년 아이에게 자기 생각을 쓰라고 하는 것은 무리입니다. 생각을 이어나가기 위해서는 누군가의 도움이 필요합니다. 굳이 책을 읽고 나서 책에 대해 아이의 생각을 쓰게 하고 싶다면 어른의 도움을 받아 한두 문장 정도 생각을 쓰게 합니다. 아이마다 한글을 사용하는 수준이 조금 차이가 있습니다. 한글을 다 알고 잘 쓰는 아이라면 생각이나 감상을 한두 줄 정도로 짧게 써봅니다. 하지만 아직 한글을 잘 모르고 못 쓰는 아이라면 대화를 통해 생각이나 감상을 나눕니다. 그 뒤, 가능해지면 엄마와 함께 한 줄 감상문을 써봅니다.

처음에는 한 줄만 적어도 됩니다. 그것도 힘들면 한 단어만 써도 됩니다. 글쓰기가 힘들면 그림으로 표현하거나 그 그림을 말로 설명해도 됩니다. 감상을 쓸 때 아이가 쓰기에 부담을 느끼지 않도록 해야 합니다. 만일 아이가 더 쓰고 싶다고 하면 더 쓰게 하고, 쓰기 싫다고 하면 단어만 쓰거나 안 써도 됩니다. 한 줄 정도를 거뜬히 쓴다면 두 줄로 늘리고, 세 줄로 천천히 늘립니다. 조금씩 늘리다 보면 초등학교 고학년이 되면 꽤 길게 자기 생각을 쓸 수 있을 것입니다.

독후활동은 그림과 한 줄 느낌부터

책을 읽고 나면 자기가 느낀 감정을 표현하거나 나누고 싶어집니다. 그것이 독후활동입니다. 독서만으로는 책을 완전히 이해했다고 할 수 없습니다. 책을 읽기만 해도 그 내용을 자기 것으로 만드는 아이들이 있습니다. 하지만 그런 아이는 극소수에 불과합니다.

독후활동은 여러 장점이 있습니다.

첫째, 다양한 방법으로 표현하면서 생각하는 능력이 자랍니다.

둘째, 창의성을 자극합니다.

셋째, 책의 내용을 오랫동안 기억할 수 있습니다.

넷째, 아이가 책의 내용을 얼마나 이해했는지 알 수 있습니다.

독후활동을 하면서 생각을 정리하는 과정은 학습에도 도움이 됩니다. 공부하고 나서 내용을 되새기고 생각을 정리하는 습관을 가질수 있기 때문입니다. 독후활동이라고 하면 독서 감상문을 떠올리는 경우가 많습니다. 하지만 독서 감상문을 쓰는 것은 많은 에너지가 필요합니다. 아이들에게 독후활동으로 독서 감상문을 쓰라고 하면 아이들은 독후활동을 싫어하게 될지도 모릅니다.

독후활동을 다섯 가지 정도로 나누어보았습니다.

첫째, 글로 하는 독후활동입니다. 주인공에게 편지쓰기, 뒷이야기 상상해서 써보기, 이야기 결말 바꿔보기, 시로 써보기, 책 광고 만들기, 한 줄 생각 쓰기 등의 활동이 있습니다.

둘째, 그림으로 하는 독후활동입니다. 인상 깊은 장면 그리기, 책표지 그리기, 책 삽화 그리기 등의 활동이 있습니다.

셋째, 만들기로 하는 독후활동입니다. 아이클레이 등으로 작품 속에 나오는 물건 만들어보기, 자기만의 책 만들기 등의 활동이 있습니다.

넷째, 입으로 하는 독후활동입니다. 북 토크, 독서 토론하기 등의 활동이 있습니다.

다섯째, 몸으로 하는 독후활동입니다. 연극, 역할극, 책과 관련된 곳 독서 기행하기 등의 활동이 있습니다.

독후활동은 무엇을 하든지 상관없습니다. 결과물이 훌륭하지 않아도 됩니다. 책을 읽고 아이의 감상을 정리할 수 있으면 됩니다. 독후활동의 목적은 아이에게 책이 단순히 글자를 읽는 행위가 아니라 책을 이해하는 행위라는 것을 알려주는 것입니다. 아이에게 독후활동 때문에 독서가 싫어지지 않게 해야 합니다.

독후활동을 하면서 초점을 맞춰야 할 것은 부모님과의 상호작용입니다. 부모님과의 상호작용이 아이의 사고를 확장시킵니다. 근사한 독후활동이 아니라도 됩니다. 책을 읽고 나서 부모님과 간단한 대화도 훌륭한 독후활동이 될 수 있습니다. **독후활동의 목적은 그 책의 내용을 다시 떠올려서 책에 대한 생각을 정리하는 것입니다.** 부모님과의 대화를 통해 독서가 좋은 기억이 되는 것이라면 최고의 독후활동입니다.

독후활동을 할 때도 7대 3 법칙을 사용합니다.

읽은 모든 책마다 독후활동을 할 수는 없습니다. 아이들은 책이 싫어져서 도망가 버릴 것입니다. 엄마도 독후활동 때문에 지쳐버릴 것입니다. **10권을 읽었다면 7권은 독후활동 없이 책을 재미있게 읽습니다. 나머지 3권 정도만 독후 활동을 합니다.**

독후활동 방식은 상황에 맞도록 쉬운 것으로 아이와 즐겁게 할 수 있는 것으로 합니다. 독후활동을 할 세 권은 아이가 고를 수 있도록 해줘야 합니다. 7대 3 법칙으로 책을 읽으면 아이는 책을 즐겁게 읽으면서도 국어 공부의 기초가 되는 독후활동도 놓치지 않을 것입니다.

아직은 독서가 먼저입니다

초등학교에 입학하고 나면 마음이 조급해집니다. 수학, 영어도 공부해야 하는데 국어 교과서를 보면 뭔가 해줘야 할 것이 또 보입니다. 조급한 마음에 국어 공부를 위해 학습지나 문제집도 사서 아이와 함께 공부해야 할 것 같습니다.

옆집 엄마는 ㄱ학습지를 한다고 하고 윗집 엄마는 ㄴ학습지를 한다고 합니다. 다들 아이가 하고 있는 학습지가 너무 좋다고 극찬합니다. 제재도 다양하고 매일 꾸준히 할 수 있어서 아이가 글 읽는 실력이 느는 것이 보인다고 합니다. 아직도 학습지를 안 시키냐며 빨리 시작해야 한다고 권합니다.

하지만 학습지에 있는 지문을 읽어보세요. 시를 제외하고는 며칠에 걸쳐서 풀게끔 지문을 쪼개놓거나 전체 내용을 싣지 않고 발췌해 놓은 지문이 대부분입니다. 문제집도 마찬가지입니다. 과연 이런 글이 아이의 마음을 움직일 수 있을까요?

초등 저학년 아이는 아직 공부 습관이나 사고가 완전히 잡히지 않은 시기입니다. 이런 아이들에게 쪼개거나 발췌된 지문은 독서의 즐거움과 독서 습관을 방해합니다. 초등 저학년 아이들에게 벌써 비문학 지문을 접하게 할 필요도 없습니다. 아이가 비문학을 낯설게 느끼지 않도록 하는 것이 목적이라면 지식책을 읽히면 됩니다.

하지만 지식책도 아이가 관심 있어 하는 영역이라면 모를까 굳이 추천하지는 않습니다. 아이가 좋아하지 않는 책을 억지로 익히면 독서가 즐겁고 재미있는 것이라는 인식을 심어줄 수 없습니다.

초등 저학년 때 독서 목표는 학습 능력을 향상하는 것이 아닙니다. 즐겁게 학교생활을 하도록 돕는 것입니다. 학교가 즐거운 곳이라고 느끼고 수업에 재미있게 참여할 수 있으면 됩니다. 독서의 재미를 느끼고 독서를 통해 몰입하는 경험을 가지도록 해야 합니다. 이런 경험이 독서를 유지하고, 공부를 할 수 있게 해주는 원동력이 됩니다.

국어 학습지는 과연 아이들에게 즐거운 학교생활, 재미있게 독서에 몰입할 수 있게 도와줄까요? 저는 초등 저학년 아이들에게 국어 문제집이나 국어 학습지를 추천하지 않습니다.

초등 저학년 아이들은 온전한 책 한 권을 읽어야 합니다. 책을 통해서 글을 읽는 자세, 책을 통해 마음속에 드는 여러 생각과 느낌, 책속의 삶을 자신의 삶과 연결해서 생각하는 태도 등을 갖추는 것이 더 중요합니다. 이것들은 학습지나 문제집의 지문과 문제를 많이 접한다고 얻어지는 것이 아닙니다.

어차피 아이는 중고등학생이 되면 수많은 쪼개진 지문과 문제를 풀 것입니다. 지금부터 지문을 읽고 문제를 푼다고 해서 중고등학생 때 그것들을 잘 풀어낸다는 보장은 없습니다.

내 아이에게 맞춘
국어 공부와 독서

한글 떼기와 바른 글씨,
쓰기 습관 굳히기

요즘에는 초등학교에 들어가기 전에 한글을 다 떼야 한다고 말합니다. 한글을 떼고 가면 현실적으로 학업에 있어서 유리한 점이 많은 건 사실이지만, 그렇다고 기간을 정해서 아이에게 무리하게 한글을 완벽하게 완성시킬 필요는 없습니다.

처음에는 한글에 익숙하지 않던 아이가 꾸준한 시간 동안 책을 읽고 수업에 참여하다보면 한글을 먼저 뗀 아이들의 수준을 따라 잡을 수 있습니다. **한글을 먼저 떼는 것보다 책을 읽어주고, 책을 읽게 하고, 책을 좋아하게 만들면서 한글을 자연스럽게 익히게 하는 것이 한글을 공부하는 데 더 효과적입니다.**

어느날 초1의 한 아이가 수학 교과서에 있는 스토리텔링 형식의 문제 자체를 이해하지 못하겠다면서 저에게 가져온 적이 있습니다. 한글을 제대로 읽고 이해하지 못하면 풀 수 없는 문제였습니다. 이렇게 수학 교과서에는 스토리텔링 문제가 나오는데 국어 교과서를 살펴보면 ㄱ부터 시작해서 자음과 모음을 설명하고 하나하나 쓰는 내용이 나옵니다. 언뜻 보면 교과목의 균형이 잘 맞지 않다고 생각될 수 있습니다. 하지만 읽을 수 있는 것과 쓸 수 있는 것은 다릅니다. 글자를 읽을 수 있다고 해서 그것을 다 쓸 수 있는 것은 아닙니다.

초등 저학년 아이들 중에 아직 글자를 읽는 것과 쓰는 것을 제대로 연결시키지 못하는 경우도 있습니다. 글자를 읽을 수 있지만 쓰라고 하면 능숙하게 쓰지는 못하는 것입니다. 그래서 초등 1학년 국어 교과서에 자음과 모음을 쓰도록 훈련하는 것입니다.

초등 저학년 때의 국어 공부는 기초부터 시작해서 차근차근 나가야 합니다. 기초적인 자음과 모음을 알고 올바르게 쓸 수 있도록 지도합니다.

글자를 쓸 줄 안다 해도 또 다른 문제가 있습니다.

아이들의 글씨를 살펴보면 손에 힘이 제대로 들어가지 않아 글씨가 엉망진창입니다. 글을 읽을 때 암호를 해독하는 느낌이 들기도 합니다. 종이에 직접 글을 쓰는 연습 시간이 부족하기 때문입니다. 디지털 기기가 발전하면서 종이에 직접 글을 쓰기보다는 태블릿PC로 학습을 하는 아이들이 늘고 있습니다. 기기를 터치하며 문제도 풀고 강의도 듣습니다. 하지만 학교에서는 종이책인 교과서로 수업을 듣습니다. 종이에 직접 글씨를 써야 합니다. 학교 수업을 잘하기 위해서는 아이에게 꾸준히 글씨쓰기 연습을 시켜야 합니다.

글씨쓰기 연습을 위해서 칸 공책이 필요합니다.

초등 공책을 사러 가면 8칸 공책에서부터 시작해서 학년이 올라갈수록 칸의 크기가 작아집니다. 가운데 보조 점선이 그어져 있는 공책도 많습니다. 초등 저학년 때는 8칸 공책부터 시작하는 것이 좋습니다. 초등 저학년은 아직 연필을 잡을 힘도 부족한 꼬맹이들입니다. 나중에 필기도 하고 제법 많은 글도 쓰기 위해서 초등 저학년 때부터 기초를 다져야 합니다.

우선 연필을 쥐는 자세부터 살펴야 합니다. 처음에 습관을 잘못 들이면 고치기 힘듭니다. 다음으로 공책의 칸 안에 가로세로 줄긋기 등의 단순한 활동부터 시작합니다. 나중에는 칸의 크기에 맞춰 글씨를 쓰는 연습까지 합니다. 이렇게 연습을 하면 연필을 쥐는 손의 힘이 키워집니다.

아이가 글씨를 잘 쓰면 공책의 칸을 점점 작은 것으로 바꿉니다. 글씨를 빠르게 쓰면 흘려 쓰고 글자의 위치도 칸 한쪽으로 쏠릴 수 있습니다. 그래서 획순 순서로 천천히 쓰게 합니다.

바른 글씨를 쓰기 위해서는 자세도 중요합니다. 허리를 펴고 반듯하게 앉아야 합니다. 의자의 위치, 공책의 위치 등도 점검해야 합니다. 바른 자세는 중·고등학생이 되어서 공부를 할 때도 영향을 줍니다. 그래서 아이가 글씨를 쓰기 전에 항상 자세와 연필 쥐는 방법 등을 제대로 하고 있는지 확인해야 합니다.

어느 정도 글씨 쓰기가 익숙해지면 글을 써봅니다.

제일 좋은 것은 짧은 일기를 쓰는 것입니다. 일기를 쓰면 하루를 정리하고 글쓰기 연습이 되는 등 좋은 점이 많습니다. 그래서 가능하면 일기 쓰는 것을 추천합니다. 매일 쓰지 않아도 됩니다.

받아쓰기도 중요합니다. 받아쓰기를 하면서 아이는 맞춤법에 맞게 쓰는 연습을 할 수 있습니다. 초등학교 2~3학년까지는 완벽하지 않아도 맞춤법을 어느 정도 완성해 놓아야 그 이후에 글쓰기를 제대로 준비할 수 있습니다.

그 외에 글씨 연습을 위한 많은 방법이 있습니다. 그중 하나는 아이가 좋아하는 책을 한 권 골라서 그 책을 따라 쓰게 하는 것입니다.

아이는 이미 내용을 다 아는 상태에서 글을 쓰기 때문에 내용을 충분히 이해하며 따라 쓸 수 있습니다. 또 하나는 책을 읽고 한 줄 감상평을 쓰는 것입니다. 독후활동과 연계도 되고 아이에게 글씨 연습도 되는 일석이조의 활동입니다.

책 읽고
이야기 나누기

책을 읽고 이야기를 나누는 것은 크게 보면 독후활동일 수 있습니다. 하지만 일반적으로 생각하는 독후활동과는 조금 다릅니다. 형식에 얽매이지 않고 책을 읽고 난 다음에 아이와 대화를 나누는 것입니다. 아이가 책을 읽고 나면 반드시 책과 관련된 이야기를 나누어야 합니다. 여러 권의 책을 다 읽고 난 다음에 모아서 이야기를 나누어도 됩니다. 아이는 엄마와 이야기를 나누면서 책의 내용을 다시 떠올립니다.

아마 재미있게 읽은 책은 엄마가 물어보지 않아도 아이가 먼저 이야기를 할 것입니다. 이때 엄마는 아이의 말에 대답해주고 적극적인 반응을 보이면 됩니다. 어렵게 대답할 필요는 없습니다.

"아~ 그랬어?"

"그래서 어떻게 됐어?"

"재미있었겠다!"

이 정도의 반응만 보여도 아이는 신나서 이야기합니다. 아이가 책을 읽고 엄마에게 이야기한다는 것은 그 책을 그만큼 재미있게 읽었다는 뜻입니다. 아이가 먼저 이야기하지 않으면 엄마가 물어봐도 좋습니다.

"너는 이 책을 읽고 어떤 느낌이 들었어?"

"엄마는 이 부분 보면서 그때 우리 놀러 갔던 바다가 생각나더라."

"너는 아기 돼지 삼 형제처럼 집을 지으면 어떻게 짓고 싶어?"

"늑대는 어떻게 됐을까?"

아이에게 책을 읽고 난 느낌이나 책에 대한 생각을 나눌 수 있도록 이야기를 건넵니다. 책의 내용을 확인하는 질문은 애써 읽은 책에 대한 감동이 사라질 수 있으니 피하는 것이 좋습니다.

책을 읽고 아이와 이야기를 나누는 것은 책을 읽어주는 것만큼 중요합니다. 흔히 아이에게 책을 많이 읽어주라고 합니다. 책을 많이 읽어주라는 뜻은 아이에게 책의 내용을 전하라는 의미만 있는 것이 아닙니다. 아이에게 엄마의 목소리를 들려주고 아이와 시간을 함께하기 위한 의미가 더 큽니다.

책을 읽고 이야기를 나누는 것도 마찬가지입니다. 책의 내용을 확인하라는 것이 아닙니다. 책을 계기로 이야기를 나누는 행복한 시간을 많이 보내라는 의미입니다. 책을 읽어 줄 때는 아이 목소리보다 엄마의 목소리가 더 많이 들렸을 것입니다. 하지만 책을 읽고 나서 이야기를 나눌 때는 엄마의 목소리도, 아이의 목소리도 골고루 다 들립니다. 엄마 목소리보다 아이 목소리가 많이 들리면 더 좋습니다.

책을 읽고 나서 이야기를 나누면 대화의 내용이 훨씬 풍부해집니다. 우리는 평소 늘 비슷한 생활을 하기 때문에 다양한 주제에 대해서 대화할 기회가 부족합니다. 하지만 책의 주제는 다양합니다.

또한 이야기를 나누다보면 아이의 마음속에 있는 이야기도 들을 수 있습니다. 책을 계기로 아이의 마음을 이해해 보세요. 아이의 마음속 소리를 좀 더 듣고 싶다면 듣고 싶은 이야기를 다룬 것과 비슷한 책을 아이에게 읽혀 보세요. 아이에게 책을 읽어주고 이야기를 나누었을 뿐인데 같이 마음의 안정과 치유를 받는 놀라운 경험을 하게 될 것입니다.

체험을 통한 어휘력 키우기

사흘이 며칠인지 아시나요?

뉴스에서 명절 관련 보도를 하던 중 '정부에서 사흘간'이라는 말이 나왔습니다. 그런데 많은 젊은 사람들은 사흘이 삼일인지, 사일인지 혼란스러워했다고 합니다. 그래서 20~30대 실시간 검색어 1위가 '사흘의 뜻'이었다고 하네요.

이것을 보고 일부에서는 요새 젊은이들의 어휘력이 많이 떨어지고 있다고 이야기하며 어휘력 부족의 심각성을 지적합니다.

하지만 저는 생각이 조금 다릅니다. 요즘 젊은 사람들은 하루, 이틀까지는 쓰지만 사흘, 나흘 이상의 날짜는 잘 세지 않습니다. 예전과는 다르게 사람들은 여유 없이 하루하루를 바쁘게 살아갑니다.

그런 사람들에게 며칠 뒤의 날짜보다는 '지금 당장'이 훨씬 중요합니다. 그래서 사흘, 나흘의 날짜까지는 생각하지 않습니다. 날짜를 정할 때도 정확하게 '몇 월 며칠 몇 시'라고 날짜를 고정해버립니다.

날짜를 한 번 세보세요. 어른들 역시 열흘까지 날짜를 세는 것도 쉽지 않습니다. 많이 접하지 않았기 때문입니다. 사람은 무언가를 접해봐야 그 어휘를 기억해 낼 수 있습니다. 아이들도 다양한 어휘를 사용하는 상황을 접해야 그 어휘를 기억할 수 있는 거죠.

우리의 평소 생활을 떠올려 보세요. 항상 비슷한 생활 패턴이 반복됩니다. 그래서 우리가 접하는 어휘도 한정적이고 비슷할 수밖에 없습니다. 어휘를 다양하게 사용하기 위해서는 이 생활 패턴을 바꿔야 합니다. 일상생활에서 벗어난 다양한 경험이 필요합니다. 그래야 평소에 사용하던 어휘와 다른 어휘를 사용할 가능성이 높아집니다.

아이들과 강원도 여행을 갔다가 갯배 체험을 한 적이 있습니다. 6.25 전쟁 때 피난을 내려왔던 함경도 실향민들이 속초에 마을을 만들었는데, 그 실향민들이 속초 시내로 빠르게 가기 위해서 만든 배가 갯배입니다.

갯배가 신기했던 우리 가족은 갯배를 타보기로 했습니다. 직접 갯배를 몰아보기도 했습니다. 실제로 갯배를 몰아본 우리에게 갯배는 이제 단순한 '갯배'라는 낱말이 아닙니다. 갯배를 탔던 기억과 함께 그 단어는 우리 가족의 마음에 영원히 저장되었습니다.

그 뒤 우연히 강원도 관련 책을 보다가 갯배가 나왔습니다. 아이들에게 보여주었더니 갯배를 몰았던 경험을 이야기하면서 자기들끼리 한참 수다를 떨었습니다.

책은 간접경험을 쌓게 해줍니다. 책에서 읽는 것과 직접 가서 경험하는 것은 다릅니다. 실제로 접하기 어려워서 책으로 접해야 하는 어휘도 있습니다. 가능하다면 체험을 통해 어휘를 생생하게 이해하는 것이 아이들에게는 좋습니다. 새로운 경험을 통해 새 어휘를 익힐 수 있습니다. 경험으로 기억된 어휘들은 쉽게 잊히지 않습니다.

4부

학년별 국어 공부와 독서 II :
초등 고학년 (4~6학년)

초등 고학년의 국어 공부와 독서는 어떻게 해야 할까요? 초등 고학년은 사춘기 시기로 부모님의 말을 잘 듣지 않습니다. 머리가 굵어졌다고 하지만 그래도 아직은 엄마 품안의 자식입니다. 충분히 아이를 다독이며 끌고 갈 수 있습니다. 초등 고학년은 자기 주도적 학습의 기틀을 만드는 황금 시기입니다. 이 시기의 학습 태도가 중·고등학교 국어 성적을 결정합니다. 이 시기를 놓치지 마세요.

국어 공부
본격적으로 시작하기

고학년의 독서 목적,
지식의 깔때기 넓히기

초등 고학년이 되면 이야기의 구조를 파악하는 눈이 생깁니다. 초등 고학년 국어 교과서를 살펴보면 설명문이나 논설문 등의 글이 많이 실려 있습니다. 교과서 학습활동에도 논리력과 사고력을 요구하는 질문이 주를 이룹니다. 이제 아이의 지적 수준은 이러한 글들을 이해할 수 있을 정도로 올라갔습니다.

지금까지 아이는 이야기의 즐거움을 느끼기 위한 독서를 했습니다. 이제는 독서를 통해 글을 분석하고 글 속에서 지식을 습득합니다. 독서를 통한 '앎의 즐거움'을 느껴야 합니다. **초등 고학년이 되면 200페이지 가량의 책은 부담 없이 읽을 수 있어야 합니다.** 그래야 어떤 책이든 재미있게 읽을 수 있습니다. 아이가 저학년 때부터 다양한 이야기책을 읽어왔다면 읽기 훈련은 충분히 되어 있을 것입니다.

아이는 어떤 책이든 읽을 준비가 되어 있습니다. 이제 한 단계 도약한 본격적인 독서를 시작합니다. 독서를 통해 지식의 깔때기를 넓혀야 합니다. 물론 고학년이 되어도 지금까지 읽던 재미있는 책들은 중단할 필요는 없습니다.

지식책을 고를 때는 아이가 읽는 이야기책의 수준보다 조금 낮은 수준의 책으로 선택하는 것이 좋습니다. 아직 아이에게 지식책이 익숙하지 않기 때문입니다. 글 자체도 낯설고 글에서 다루고 있는 내용도 낯섭니다. 그런데 책의 수준까지 높으면 아이가 거부감을 느낄 수 있죠.

낯선 분야는 익숙하지 않기 때문에 누구나 선뜻 도전하기 힘듭니다. 읽어도 무슨 말인지 이해하기 힘들고 읽기가 불편합니다. 아이도 마찬가지입니다. 아이가 지식책을 편안하게 느낄 수 있게 도와야 합니다. 이때 엄마의 도움이 필요합니다. 처음에는 아이와 같이 책을 읽거나 아이에게 책을 읽어줘도 좋습니다. 혼자서 읽는 것보다 엄마와 함께 읽으면 든든한 마음에 조금 더 편안하게 책을 읽을 수 있습니다.

그래도 지식책을 낯설어하면 다큐나 영화 등의 영상을 활용해 보세요. 영상은 독서보다 편안하게 지식을 습득할 수 있습니다. 만화책을 읽어도 좋습니다. 학습 만화책은 지식책을 위한 훌륭한 마중물이 됩니다. 여러 다양한 주제를 재미있는 스토리와 만화로 풀어내서 원하는 주제를 쉽게 찾을 수도 있고, 텍스트가 비교적 적어서 독서를 싫어하는 아이도 쉽게 접하고 읽을 수 있다는 장점이 있습니다. 읽히고자 하는 내용을 담은 소설책도 좋습니다. 소설책으로 그 분야에 관심이 생기면 지식책으로 이어지게 합니다. 고학년이라서 시간이 많지 않겠지만 박물관이나 미술관 등 다양한 체험을 통해 지식을 체득할 기회도 만들어야 합니다.

국어 공부를 잘하기 위해서는 배경지식이 있어야 합니다. 배경지식이 있는 상태에서 글을 읽는 것과 배경지식 없이 글을 읽는 것은 글을 이해하는 데 있어 천지차이입니다. 배경지식이 있어야 지문을 빨리 읽고 내용을 쉽게 이해할 수 있습니다. 배경지식이 있으면 국어 공부를 효율적으로 할 수 있습니다. 다양한 방법으로 지식의 깔때기를 넓히면 배경지식을 쌓을 수 있습니다.

또한 지식의 깔때기를 넓히기 위해서는 여러 영역의 책을 읽혀야 합니다. 여러 영역의 책을 읽다보면 자연스럽게 관심이 생기는 영역이 생기고 이와 관련된 다른 책을 찾거나 내용을 검색할 것입니다. 이렇게 아이의 지식의 깔대기는 자연스럽게 넓고 깊어질 것입니다.

독서 할 틈을 만들어 주세요

학년이 올라갈수록 공부할 양이 많아지고 공부 내용이 어려워집니다. 공부 시간도 길어집니다. 24시간은 그대로인데 공부 시간이 늘어나면 줄어드는 시간이 생깁니다. 아이들은 노는 시간을 줄이려고 하지 않습니다. 결국 줄어드는 시간은 독서 시간입니다.

여기에 스마트폰과 같은 디지털 기기가 아이의 독서를 방해합니다. 그래서 초등 고학년이 되면 독서를 하지 않는 아이들이 많이 생깁니다.

독서가 재미있는 아이들은 독서 시간이 쉬는 시간입니다. 그래서 짬짬이 쉬는 시간에 독서를 해서 독서 시간이 확보됩니다. 하지만 많은 아이들에게 독서는 재미있는 것이 아닙니다. 결국 이 아이들의 독서 시간은 줄어들 수밖에 없습니다. 독서가 습관이 되게 하려면 아이들에게는 독서할 시간을 만들어 주어야 합니다. **학원 스케줄을 짜듯 독서 스케줄을 짜야 합니다. 독서 스케줄에 맞춰 독서를 하게 해야 나중에 독서가 습관이 됩니다.**

고학년이 되면 자기 본인의 취향에 따라 책을 읽는 갈래가 달라집니다. 이과 성향의 아이들은 과학이나 수학에 관련된 내용과 관련된 책을, 문과 성향의 아이들은 사회문제를 다루거나 감수성이 드러나는 책을 더 많이 읽습니다. 너무 한쪽으로만 독서 편식을 하지 않도록 옆에서 균형을 잡아줘야 합니다.

이과 성향의 아이들이든, 문과 성향의 아이들이든 소설류는 크게 거부하지 않고 읽습니다. 이때는 초등 고학년용 동화책을 읽히거나 청소년 문학 중에서 두께가 얇거나 따뜻한 감성을 가진 작품을 읽히면 좋습니다.

독서시간에는 되도록 깨끗한 새 책으로 챙겨 주세요. 아이 마음에 들어야 읽고 싶은 마음도 생깁니다.

책을 고르기가 힘들면 청소년 문학 시리즈에서 고릅니다. 청소년 문학 시리즈는 또래 아이들의 이야기를 담고 있기 때문에 실패할 가능성이 적습니다. 출판사마다 청소년 문학 시리즈가 많습니다. 다양한 출판사에서 초등 고학년에서 중고등학생까지 아이들이 공감하며 읽을 만한 책들이 나옵니다. 여러 시리즈 중에서 아이가 읽을 만한 책들을 골라서 책장에 꽂아 놓으세요. 그 옆에 아이가 읽었으면 하는 지식책도 같이 꽂아 놓으세요. 그러면 독서 시간에 그 책들을 꺼내서 읽을 것입니다.

책장에 꽂혀 있는 책을 다 읽지 않아도 됩니다. 그 중에서 몇 권만 읽어도 성공입니다. 일주일에 한 번씩 간격을 두고 배치를 바꾸거나 책을 바꿉니다. 그러면 아이들은 새로운 느낌을 받아서 책에 관심을 가질 것입니다. **꼭 초등 필독서, 중등 필독서를 찾지 않아도 됩니다. 아이가 좋아하고 읽고 싶어 하는 책이 그 아이의 필독서입니다.**

중학생들의 학생부 독서 활동 상황란을 보면 특목고나 자사고를 준비하는 학생들이 오히려 다른 학생들보다 훨씬 높은 수준의 책들을 많이 읽습니다. 또래보다 난이도가 있는 책들로 독서 활동 상황란이 빽빽합니다. 특목고나 자사고를 준비하려면 많은 공부량을 감당해야 합니다. 그 아이들이 독서 시간을 따로 만들기 힘들 겁니다. 그럼에도 이 아이들이 많은 양의 독서를 하는 걸 보면 신기합니다. 본인이 독서를 하고자 하는 의지만 있으면 아무리 바빠도 어떻게든 독서할 틈을 만들 수 있다는 것을 알 수 있습니다.

비문학 준비하기

경제나 문화, 예술, 과학 등의 분야에 관한 내용의 글은 평상시에 그 분야에 관심이 없으면 쉽게 읽히지 않습니다. 읽어도 무슨 말인지 이해가 되지 않습니다. 아이 역시 관심 없는 주제를 만났을 때, 글이 잘 읽히지 않을 것입니다.

특히 비문학 영역의 주제는 관심 가지기 쉽지 않고, 읽기 힘든 경우가 많습니다. 하지만 국어 교과서나 국어 시험 내용을 보면 비문학 영역의 작품들이 제법 나옵니다. 이런 비문학 영역의 지문을 처음 만났을 때 불편하게 느끼지 않으려면 이 영역의 책을 미리 읽어 둬야 합니다.

관심이 없는 주제는 어떻게 접해야 할까요?

아마 아이에게 책만 주고 읽으라고만 하면 그 책을 절대 읽지 않을 것입니다. 아이의 관심을 그 책으로 유도해야 합니다. 어떻게 해야 아이의 관심을 유도할 수 있을까요?

평소 관심이 없던 주제의 책을 읽히려고 할 때 먼저 책으로 접근하지 않아도 됩니다. 직접적으로 공략하면 오히려 질려서 아이가 아예 책을 읽지 않을 수도 있습니다. 우회적으로 공략해야 합니다. 읽히고 싶은 책과 관련된 주제를 다루고 있는 영화나 다큐 등의 영상을 활용하는 것입니다. 영상은 특별히 어떤 행위가 필요하지 않습니다. 단지 보는 것만으로도 나의 눈과 귀에 자극을 줍니다. 그래서 영상을 보는 것은 책을 읽는 것보다 아이가 훨씬 쉽고 편하게 받아들일 수 있습니다.

만화책을 활용해도 좋습니다. 이미 아이들이 초등 저학년 때 지겹도록 읽은 만화책을 떠올려보세요. 여러 만화책에서 다루고 있는 내용은 비문학의 훌륭한 재료들입니다. 어쩌면 비문학과 책이라는 둘을 결합한 것 중 아이들이 제일 많이 보는 것이 이런 만화책이 아닐까 싶습니다. 책과 관련된 영상이나 만화를 보면서 그 분야에 대해 호감이 생기게 합니다. 그 다음에 비문학 영역의 책을 읽힙니다. 여러 방법을 통해 배경지식과 관심이 생긴 아이는 처음보다 수월하게 책을 읽을 것입니다.

간혹 아이가 비문학 책을 읽지 않으려고 해서 독해 문제집에 나와 있는 지문을 이용해서 비문학을 읽히게 하는 경우가 있습니다. 하지만 이것은 정말 좋지 않은 방법입니다.

초등학생 때는 비문학 영역을 읽을 때 문제집이 아닌 책을 통해 읽게 해야 합니다. 문제집에는 전문이 실려 있지 않습니다. 일부만 발췌되어 있어 글 전체의 내용을 파악하기 힘듭니다. 책을 통해 글 전체를 읽으며 비문학 영역을 접해야 합니다. 그래야 글에서 이야기하는 것을 제대로 이해할 수 있고 배경지식도 생깁니다. 그 다음에 비문학을 다루는 문제집을 통해 독해와 문제를 푸는 요령을 익혀야 합니다.

대다수의 사람들에게 공부라는 것 자체는 원래 재미있고 즐거운 것이 아닙니다. 힘들고 어렵지만 그것을 이겨내고 무언가를 알게 되었을 때 성취감을 가지는 과정에서 공부의 재미를 알게 됩니다.

비문학 영역의 책을 읽는 것도 이와 비슷합니다. 처음에는 손이 가지 않고 거부감이 들 수 있습니다. 하지만 여러 방법을 통해 조금씩 관심을 갖도록 합니다. 그 작은 관심을 계기로 책을 읽게 합니다. 이렇게 생긴 관심은 세상을 다른 눈으로 바라볼 수 있게 돕습니다.

아마 비문학 영역 중 흥미를 갖고 있는 영역이 아니라면 많이 읽지는 못할 것입니다. **문학책과 비문학 책을 7대 3 법칙으로 읽게 해주세요. 아이는 조금씩 다양한 분야에 관심을 가지며 여러 영역으로 책의 범위를 넓혀 나가기 시작할 것입니다.**

초등 고학년
국어 공부 원칙

독서 : 국어 공부 = 7 : 3

초등 고학년이 되면 지금까지 독서를 통해 누적된 활동들이 본격적으로 국어 실력으로 나타나기 시작합니다. 초등 저학년 때부터 한 줄씩 늘리면서 써오던 글쓰기 실력을 발휘할 때입니다.

초등 고학년의 국어 교과서에는 설명하는 글이나 주장하는 글이 많이 실려 있습니다. 이 글들은 읽고 감상하는 글이 아닙니다. 분석하며 읽어야 하는 글입니다. 그래서 초등 고학년 국어 시간에는 쓰기 활동이 많습니다. 초등 저학년까지의 글쓰기는 글씨 쓰기, 짧은 글쓰기 등의 활동을 통해 글쓰기의 기초를 쌓는 것이었습니다.

초등 고학년의 글쓰기는 달라야 합니다. 이제 온전한 하나의 주제를 가진 글쓰기 연습을 시작해야 합니다. 공책 한 페이지 분량을 목표로 글쓰기를 연습합니다. 일기도 좋고 독서 감상문도 좋습니다. 처음에는 제대로 못 쓰기도 하고 글 쓰는 실력이 부족할 수 있습니다. 그래도 꾸준히 쓰면 조금씩 쓰기 실력이 늘어납니다.

글을 많이 읽어야 쓸 수 있습니다. 많이 써봐야 잘 쓸 수 있습니다. 사람마다 고유의 말투나 목소리가 있듯 책마다 작가의 고유한 문장 형태나 틀이 있습니다. 책을 많이 읽으면 다양한 작가들의 문장이나 문체를 접합니다. 그리고 자기도 모르게 그것을 익힙니다. 의식하지 않아도 여러 문체를 보면서 자신만의 문체가 만들어지고 다듬어집니다. 책은 작가가 오랜 시간에 걸쳐 여러 번 고심하고 다듬은 문장의 산물입니다. 책을 읽으면 책의 내용도 익힐 수 있지만 표현법과 올바른 문장의 호응, 문장의 구성도 익힐 수 있습니다.

초등 고학년에게 맞는 독서 : 국어 공부의 비율은 7대 3으로 맞춰주세요. **아이가 독서를 위해 사용하는 시간의 70%는 소설책과 지식책을 읽을 수 있게 하고, 30%는 글을 쓰게 합니다.**

글을 쓸 때는 공책 한 페이지 분량을 목표로 합니다. 글을 쓸 때는 문장의 호응 관계를 생각하며 씁니다. 주어와 서술어의 호응, 꾸며주는 말과 꾸밈을 받는 말의 호응 등이 자연스러워야 문장이 잘 읽힙니다. 문장이 길면 호응 관계를 찾기 어려워집니다. 문장을 되도록 짧게 써야 호응 관계를 찾기 쉽습니다.

맞춤법도 생각하면서 글을 써야 합니다. 겹받침이나 어법에 맞는 말 등을 생각하면서 글을 써야 합니다. 중학생이 되어도 소소한 맞춤법을 틀리게 쓰는 경우가 있습니다. 서술형 평가 등을 칠 때 어법에 맞지 않게 쓰는 아이들이 종종 있습니다. 글쓰기를 하면 이런 부분도 충분히 연습할 수 있습니다.

맞춤법이 헷갈릴 경우에는 국립국어원(www.korean.go.kr)에서 사전을 찾아보거나, 한국어 맞춤법/문법 검사기(http://speller.cs.pusan.ac.kr)를 참고하여 맞춤법을 확인하게 하면 좋습니다.

아직은 엄마표로 가능합니다

초등 고학년이 되면 과목 수도 많아지고 내용이 어려워집니다. 사춘기가 시작되는 경우도 많습니다. 그래서 엄마표가 힘들 거라고 생각할 수 있습니다. 하지만 초등학생 때는 아직 아이가 스스로 공부의 필요성을 느끼고 공부를 하는 시기가 아닙니다. 학원을 보내거나 학습지를 하더라도 어차피 엄마의 도움이 반드시 필요합니다. 엄마표로 충분히 국어 공부가 가능합니다.

국어 공부의 기본은 독서입니다. 아이의 수준에 맞는 책을 골라서 아이가 읽을 수 있도록 해야 합니다. 독서할 책을 고르기 위해 여러 독서교육과 관련된 아래 사이트를 참고하세요. 추천 도서 목록을 선정하고 독서 공부의 방향을 잡을 수 있습니다. 사이트마다 독서교육에 대한 좋은 글이 많이 있으니 함께 읽으면 독서 교육의 방향을 잡는 데 도움이 될 것입니다.

그 외에 아이가 다니는 학교의 추천도서 목록도 좋습니다. 여러 독서 교육을 하는 사교육 기관에서 운영하는 독서논술관련 사이트도 참고하면 좋습니다.

독서교육에 유용한 사이트

- 어린이도서연구회 (http://www.childbook.org)
- 책따세 (www.readread.or.kr)
- 북스타트 코리아 (www.bookstart.org)
- 국립어린이청소년도서관 (www.nlcy.go.kr)
- 학교도서관저널 (www.slj.co.kr)
- 아침독서운동 (www.morningreading.org)
- 책씨앗 (www.bookseed.kr)
- 인문 360 (inmun360.culture.go.kr)

책을 고를 때 주의할 점은 아이가 재미있게 읽을 수 있는 책인가, 아이가 이 책에 푹 빠져서 읽을 수 있는가 하는 것입니다. 엄마표가 아닌 학원이나 독서 프로그램을 하면 내 아이 수준에 맞추기보다는 정해진 프로그램을 따라야 합니다. 아이의 관심사나 부족한 부분을 보고 아이의 수준에 맞는 책을 골라서 읽게 하기 위해서는 엄마표가 필요합니다.

국어 교과서도 꾸준히 공부해야 합니다. 국어 교과서를 공부할 때도 아이가 스스로 교과서를 읽고 공부합니다. 엄마는 아이가 공부한 것을 확인만 하면 됩니다. 고학년 국어 교과서에는 분석이 필요한 지문이 많습니다. **아이가 교과서 본문을 제대로 분석했는지, 뒤쪽의 학습활동은 잘 썼는지 확인합니다. 단순히 답을 확인하는 것이 아니라 아이가 이해하고 있는지 확인하는 것입니다.**

초등 고학년이 되면 국어 공부를 할 때 독서나 국어 교과서만으로 부족한 부분이 보일 것입니다. 부족한 부분은 국어 문제집으로 채웁니다. **국어 문제집의 커리큘럼을 따라가면 엄마표 국어 공부가 한결 편합니다.**

국어 공부는 매일 30분 정도면 충분합니다. 수학이나 영어를 공부하는 시간에 비해 짧은 시간만 공부하면 됩니다. 대신 반드시 한 시간 가량의 독서 시간은 마련해야 합니다. 아이가 재미있게 읽을 책을 주면 어렵지 않습니다. 특히, 국어의 경우 초중 학생 때는 열심히 공부하지 않아도 성적이 잘 나오는 편입니다. 그 때문에 수학이나 영어에 비해 우선순위가 밀립니다. 그러다 고등학생이 되면 갑자기 높아진 난이도에 당황하는 경우가 많습니다. 초등학생 때부터 꾸준히 국어 공부를 해야 공부하는 습관도 잡히고 국어 성적도 잡을 수 있습니다.

책을 통해 자기 생각 써보기

초등 고학년이 되면 자신만의 독서 취향이 생기고 주관이 강해집니다. 일명 사춘기가 왔다고 표현합니다. 이 시기 아이들은 부모님이나 다른 어른들이 어떤 책을 권한다고 잘 읽지 않습니다. 자기가 좋아하는 책을 골라 읽습니다. 친구를 좋아하는 시기이기도 합니다. 그래서 또래 친구들과 함께 책을 읽고 이야기를 나누면 독서를 더 잘 할 수 있습니다. 만일 독서 토론을 제대로 할 수 있는 기회가 있다면 또래 아이들과 독서 토론을 하는 것이 제일 좋습니다. 독서 자극도 되고 작품에 대한 다양한 해석을 직접 주고받을 수 있어서 작품을 여러 각도로 해석할 수 있습니다.

그런데 생각보다 독서 토론을 위한 조건을 맞추기 힘듭니다. 여러 조건이 필요합니다.

첫째, 4~6명 가량 일정 인원이 있어야 합니다.

둘째, 정해진 기간과 시간이 맞아야 합니다.

셋째, 아이들의 독서 수준이나 지적 수준이 비슷해야 합니다.

넷째, 성별의 균형이 이루어져야 합니다.

다섯째, 모든 구성원이 책을 반드시 다 읽어 와야 합니다.

그렇다고 독서를 손 놓을 수는 없습니다. 혼자서라도 책을 읽고 스스로 읽고 느낀 점이나 자기 생각을 써봐야 합니다. 초등 고학년이 되면 책의 길이도 길어지고 책을 읽을 시간도 부족합니다. 매일 한 권씩 책을 읽고 자기 생각을 쓰기는 힘듭니다.

일기에 독서 후기를 포함시키는 것도 방법입니다. 일주일에 한 번 책을 통해 자기 생각을 쓰게 하는 것입니다. 글의 형식은 자유롭게 쓰게 합니다. 독서 감상문 형태로 쓸 수도 있고, 책을 읽고 난 뒤 생각의 흐름을 쓸 수도 있습니다. 책의 내용 중에서 인상 깊은 구절을 써도 됩니다. 지식책이라면 책의 내용을 요약정리하고 간단하게 자기 생각을 덧붙일 수도 있습니다.

이때 책의 내용을 그대로 쓰면 안 됩니다. 나만의 언어로 정리해서 써야 합니다. 나만의 언어로 쓴다는 것은 책의 내용을 다 이해하고 내면화했다는 뜻입니다. 책의 내용을 내면화하기 위해서는 책을 제대로 읽고 이해해야 합니다.

책을 제대로 읽은 뒤에 공책 한 페이지 분량을 목표로 글을 쓰게 합니다. 이때 자신의 관점이 드러나게 쓰도록 연습합니다. 책 내용과 그와 관련된 자신의 경험, 느낀 점을 섞어서 쓰게 연습시킵니다. '재미있었다.', '무서웠다.', '좋았다.' 같은 것은 느낀 점이 아닙니다. 인터넷에 감정을 드러내는 말을 검색해보면 많은 단어가 있습니다. 예시 단어를 보여주고 그 중에서 자신의 감정이 드러나는 말을 골라서 쓰게 합니다. 이렇게 하면 책을 허투루 읽지 않습니다. 글을 쓰기 위해서는 책을 꼼꼼하게 정독하면서 읽어야 하기 때문입니다.

글의 형식은 자유로워도 글의 내용은 제대로 써야 합니다. 문장의 호응, 맞춤법 등을 제대로 쓰는지 확인합니다. 글을 쓸 때, 문장을 짧게 쓰는 것이 좋습니다. 문장이 길어지면 문장 내의 호응이 맞지 않을 수 있습니다. 문장을 쓸 때는 호응 관계를 생각하며 씁니다. 주어와 서술어가 제대로 호응되는지 살펴야 합니다. 특히 부사어와 관형어를 사용할 때는 꾸미는 말과 꾸밈을 받는 말의 호응이 제대로 되고 있는지도 살펴봐야 합니다.

책을 읽고 자신의 생각을 꾸준히 쓰면 책도 꼼꼼히 읽게 되고 어법이나 맞춤법도 제대로 맞춰서 쓸 수 있습니다. 또한 긴 글을 쓰는 힘도 생깁니다. 책을 읽고 생각을 쓰는 것은 중고등학생이 되어 학생부 독서 상황에 기록할 수 있습니다. 그리고 논술형, 서술형 평가에서 문장을 조리 있게 쓰는 데도 도움이 됩니다.

내 아이에게 맞춘
국어 공부와 독서

고등학교 준비를 위한
국어 공부와 독서

초등학생에게 벌써 고등학교 준비라니 빠르다고 느낄 수 있습니다. 하지만 초등 고학년 아이에게 고등학교는 그리 먼 미래의 일이 아닙니다. 그래서 초등 고학년이 되면 미리 고등학교 준비를 해야 합니다. 중학생이 되어서 고등학교를 결정하고 그에 맞춰 공부하기에는 이미 늦습니다.

중학생이 되기 전에 고입에 대한 로드맵을 만들어야 합니다. 중학교 3학년은 지금까지 준비해 온 고등학교 입시를 정리하고 마무리하는 시간입니다.

고등학교는 크게 일반고, 자율고, 특수목적고, 특성화고, 영재 학교로 나눕니다. 일반고는 우리가 흔히 이야기하는 인문계 고등학교입니다. 고등학교에서 가장 큰 비중을 차지합니다. 다양한 분야에 걸쳐 일반적인 교육을 실시하는 고등학교입니다.

자율고는 교육과정 및 학사 운영의 자율성이 확대된 고등학교입니다. 다양한 교육과정을 만들기 위해서 만들어진 고등학교입니다.

특수목적고는 특목고라고도 하는데 전문 인재 양성을 목적으로 전문적인 교육을 실시합니다. 과학, 예술, 체육 등 전문 분야로 특화된 고등학교입니다.

특성화고는 소질과 적성 및 능력이 유사한 학생을 대상으로 특정 분야의 인재 양성을 목적으로 하는 실업계 고등학교입니다.

다른 학교들은 초중등교육법에 의한 학교이지만 영재 학교는 영재교육진흥법에 의한 학교입니다. 수학, 과학 분야의 우수 인재를 양성한다는 점에서 과학고와 비슷하지만 관계 법령이 달라 운영면에서 차이가 있습니다.

특수 목적고나 영재 학교는 최상위의 학생들이 가는 곳이라 입학

조건에 따른 철저한 준비가 필요하지만, 일반 고등학교도 그 나름대로의 준비가 필요합니다. **어떤 분야에 관심이 있는지, 그 분야와 관련된 직업은 무엇이 있는지 생각하고 이에 맞추어 로드맵을 짜야 합니다.**

이때 독서가 필요합니다. 아직 아이들은 자신이 무엇을 해야 하는지 어디에 관심이 있는지 잘 모릅니다. 요즘에는 진로 탐색을 위한 좋은 책이 많습니다. 책을 통해서 여러 직업과 인생관 등을 간접적으로 체험해보고 진로를 생각해야 합니다. 책을 읽고 느낀 것을 통해 자신이 하고 싶은 일이 무엇인지 생각해야 합니다.

적성을 찾는 데는 재능이 중요합니다. 하지만 재능만으로는 적성을 찾을 수 없습니다. 적성은 배우고 생각하며 만들어가야 합니다. 책을 고르고 읽고 생각하는 과정이 자신의 미래를 생각하고 진로를 찾는데 도움이 됩니다.

초등 고학년 때 진로와 관련된 책을 보면서 자신의 진로를 고민해야 합니다. 진로는 성장하면서 바뀔 수도 있습니다. 그래서 아주 구체적으로 정하지 않아도 됩니다. 하지만 전체적인 방향은 잡고 있어야 합니다.

초등 고학년 때부터 아이의 진로를 고민하세요. 그 진로에 따라 고등학교를 알아보고 그에 맞는 독서 로드맵을 만드세요.

독서 논술 학원 똑똑하게 이용하기

국어는 학원을 다닌다고 해서 성적이 좌우되는 과목이 아닙니다. 사실 중학교 때까지는 교과서를 제대로 읽기만 해도 국어 성적을 잘 받을 수 있습니다. 중고등학교 때 서술형 평가나 대입에서 논술을 준비하기 위해서 초등학교 때부터 독서 논술 학원에 보낼 필요는 없습니다.

중고등학생 때는 수업시간에 꼼꼼한 필기가 중요합니다. 시험 기간에는 그 필기와 교과서를 중심으로 자기 공부가 필요하고, 시험 2주 전부터는 문제집을 통해 이해한 내용이 맞는지 확인합니다. 또한 서술형 문제들을 접해서 평가에 대비합니다.

대입에서 논술은 고등학교 3학년 때 수능을 치고 나서 준비해도 충분합니다. 중학교에서 지필평가나 수행평가를 칠 때, 아이들에게 엄청난 능력을 바라지 않습니다. 주어진 조건에 맞추어서 글을 쓰면 됩니다. 선생님들은 채점할 때 문장이 다소 어색하더라도 주어진 조건을 다 만족하면 감점하지 않습니다.

지필평가나 수행평가도 수업시간에 선생님의 말씀만 잘 들으면 어렵지 않습니다. 문제를 읽어내고 출제자의 의도에 맞는 답을 쓰면 됩니다.

국어는 선행이 필요한 과목이 아닙니다. 지식만이 중요한 과목이 아니기 때문입니다. 국어는 수업시간에 배운 개념과 내용을 응용해서 적용하는 도구 과목입니다.

시험문제에도 아이들이 이미 배워서 알지만 시험에 본문이 나오는 이유가 있습니다. 그 본문을 공부하면서 배웠던 지식적인 부분들을 떠올리고 그것을 바탕으로 문제를 풀어야 하기 때문입니다.

지식적인 내용을 쓰라고 하는 문제는 잘 출제하지 않습니다. 대부분의 문제는 본문을 통해 지식적인 내용을 떠올리게 하거나 〈보기〉에서 지식적인 부분이 제시됩니다. 그 내용을 적용해서 문제를 풀어야 합니다.

단순히 국어 공부만 해서는 익힐 수 없습니다. 글을 제대로 읽어내는 능력이 필요합니다. 글을 제대로 읽어내기 위해서 많이 읽어야 합니다. 그래서 국어 공부에는 독서가 필요합니다.

독서 논술 학원을 보낼 때 논술에 너무 초점을 두지 마세요. 논술을 잘 쓰는 것보다 독서에 초점을 두어야 합니다.

독서 논술 학원을 보내는 가장 큰 목적은 논술을 쓰고 글쓰기의 방법을 익히는 것만이 아닙니다. 초등 고학년이 되면 아이들은 책을 잘 읽지 않습니다. 독서 시간도 부족합니다. 그런데 학원에 가면 반드시 책을 읽어야 합니다. 엄마가 애써 책을 고르지 않아도 양서를 읽힙니다.

독서가 재미있어서 스스로 책을 읽으려 하는 아이에게는 학원이 도움이 됩니다. 반대로 책을 좋아하지 않는 아이에게 억지로 학원에 보내고 책을 읽게 한다면 부작용이 더 클 수 있습니다.

독서 논술 학원에서는 책만 읽히는 것이 아니라 각종 독후활동으로 책의 내용을 내면화시키기까지 합니다. 이 정도면 충분히 만족할 만합니다. 책을 읽히기 위해서 독서 논술 학원을 보냈는데 논술도 잘 쓰게 되면 고마운 일입니다.

초등 고학년 아이에게 독서 논술 학원은 글쓰기를 강조하는 곳보다 독서를 강조하는 곳을 추천합니다. 종류별로 아이 수준에 맞춰 다양한 책을 읽히는 곳에 보내세요.

중학생만 되어도 일주일에 책 한 권 읽기도 빠듯합니다. 생각보다 책을 읽지 않고 학원에 가는 아이들이 많다고 합니다. 책을 읽지 않으면 학원에서 책을 다시 읽거나 책의 내용을 모른 채 수업에 참여해야 합니다. 효율성이 크게 떨어집니다. **따라서 아이가 학원에 가기 전에 책을 읽었는지 반드시 확인해야 합니다.**

학원을 보낸다고 해서 끝이 아닙니다. 아이가 얼마나 배우고 있는지 계속 확인해야 합니다. **아이의 결과물을 꼼꼼히 보세요.** 결과물을 보면 수업에 얼마나 열심히 참여했는지 알 수 있습니다. 때로는 **학원에 가서 선생님과 상담도 해야 합니다.**

집에서, 학원에서 같이 의논하면서 부족한 부분을 살펴야 합니다. 엄마가 지속적으로 관심을 가져야 독서 논술 학원도 똑똑하게 이용할 수 있습니다.

공부 습관 만들기

공부를 잘 하기 위해서는 자신만의 공부 습관을 만들어야 합니다. 자신만의 공부 습관이 형성되면 효율적으로 공부할 수 있습니다. 초등 저학년 때는 공부 습관을 가지고 스스로 공부하는 아이가 별로 없습니다. 대부분의 아이들은 노는 것이 본능입니다. 그래서 엄마는 학습지라도 완료하려면 아이에게 하루 종일 잔소리를 해야 합니다.

그런데 초등 고학년이 되면 시간 관리하기, 책읽기, 노트 필기하기 등의 습관이 발달하기 시작합니다. 이 시기부터 인지능력이나 이해능력 등이 발달하고 학습동기도 생깁니다. 아이를 살펴보세요. 4학년이나 5학년이 되면 해야 할 일을 그 이전보다 잘 챙기는 것을 발견할 수 있습니다.

하나의 습관이 형성되는 데는 100일 정도의 시간이 걸린다고 합니다. 아이가 공부 습관이 아직 잡히지 않았다면 이 100일의 시간

동안 공부습관이 형성되는 것을 도와주어야 합니다. 습관을 만들기 위해서는 패턴을 만들어야 합니다.

매일 공부해야 하는 일정한 시간과 장소를 정합니다. 공부 양도 일정해야 합니다. 문제집의 종류도 너무 다양하면 안 됩니다. 단순하게 패턴을 만들어야 쉽게 익힙니다. 이렇게 꾸준히 하면 어느샌가 아이는 그 시간이 되면 당연히 그 자리에 앉아서 자기에게 정해진 양을 공부합니다.

처음에는 오래 앉아서 공부하는 것이 쉽지 않습니다. 아이의 집중 시간은 그리 길지 않습니다. 학교급마다 수업시간이 다릅니다. 초등학교는 하나의 수업시간이 40분, 중학교는 45분, 고등학생과 대학생은 50분, 또는 그 이상입니다. 이렇듯 조금씩 학교에서 공부하는 시간이 늘어납니다. 이런 학교의 시간 운영 시간은 아이들의 집중력을 고려한 것입니다.

공부습관을 만들 때도 아이의 집중 시간을 고려해야 합니다. 처음부터 1시간씩 앉아 있으라고 하면 아이는 아마 자리에 앉아있어도 공부에 집중하지 못할 것입니다. 처음에는 20~30분 정도 공부하게 합니다. 그 시간 동안 집중해서 공부를 잘 했다면 칭찬해 줍니다. 10분 정도 휴식하고 나면 또 20~30분 공부를 합니다. 그 시간 동안 집중해서 공부를 잘 하면 조금씩 공부 시간을 늘려갑니다.

이렇게 공부 습관을 잡고 나면 아이 스스로 공부할 수 있도록 도와야 합니다. 학습 플래너 등을 활용해서 스스로 학습 계획을 세우게 합니다. 매일 해야 할 일을 기록하고, 다 하면 그 부분을 체크합니다. 생각보다 초등 고학년 아이들이 학습 플래너를 잘 사용합니다. 이렇게 하면 아이는 자연스럽게 하루 동안 공부를 몇 시간 했느냐보다는 공부를 얼마나 했느냐를 체크하게 됩니다. 공부량을 체크하면 공부의 효율성도 높아집니다.

공부 습관을 잡으면 자기 주도적 학습도 가능합니다. 공부가 재미있어서 공부를 하는 아이는 별로 없습니다. 하기 싫더라도 해야 하는 일이기 때문에 공부하는 아이가 더 많습니다. 스스로 학습 목표를 정하고 계획을 세워서 공부를 하기 위해서는 공부 습관이 먼저 만들어져야 합니다. 그래야 스스로 공부하는 자기 주도적 학습 능력이 키워집니다.

어려서는 많이 놀아야 한다고 말합니다. 하지만 '많이 놀아본 놈이 더 잘 논다'고 공부 습관 없이 놀던 아이들은 중고등학교에 가서도 계속 놉니다. 어렸을 때 공부 습관을 잡아줘야 중고등학생이 되어서도 효율적으로 공부합니다. 공부 습관이 잡힌 아이는 공부도, 노는 것도 효율적으로 합니다.

초등 저학년 때는 책을 읽히면서 엉덩이 힘을 키워야 합니다. 이렇게 엉덩이 힘을 키운 아이가 초등 고학년이 되어서 공부 습관을 만들 수 있습니다. 이 공부 습관이 중고등학생 때 자기 주도적 학습의 근간이 됩니다.

효과만점
국어 문제집 활용

초등 고학년이 되면 본격적으로 교과서 이외의 국어 공부를 시작해야 합니다. 국어 공부를 위해 국어 문제집을 활용하면 편리합니다. 학원을 보내는 이유 중 하나는 커리큘럼 때문입니다. 엄마표로 커리큘럼을 짜고 꾸준하게 진행하는 것이 쉬운 일은 아닙니다. 커리큘럼과 꾸준함 때문에 많은 분들이 엄마표를 포기하고 학원을 보내거나 학습지 선생님을 선택합니다.

하지만 초등학생은 아직 국어를 공부하기 위해 학원에 가기에 이릅니다. 문제집으로 엄마표 커리큘럼을 만들어 놓으면 엄마표 국어 공부가 한결 수월합니다. 매일 꾸준하게 문제집을 풀면서 공부 습관도 잡을 수 있습니다.

아이들마다 성향이 다르기 때문에 누군가가 추천하는 문제집이나 커리큘럼이 내 아이에게 맞지 않을 수 있습니다. 그래서 제일 좋은 것은 엄마가 아이와 함께 직접 문제집을 보고 고르는 것입니다. 하지만 그전에 어느 정도 **엄마가 문제집에 대해 파악한 사전 지식이 있어야 아이에게도 문제집을 선택하는 방법을 효과적으로 안내할 수 있습니다.**

엄마도 아이에게 어떻게 공부를 가르칠 것인지 전체적인 로드맵을 가지고 있어야 합니다. 그 다음에 로드맵에 맞는 커리큘럼은 어떤 것이 있는지 찾아보고 문제집을 검색하고 장단점을 파악해야 합니다.

초등학교 때는 독서에 중점을 두고 사고력과 어휘력을 키우는 시기입니다. 중학교 2학년이 되면 중등 국어 전반에 대한 이해와 개념 정리, 취약한 영역의 보완이 필요합니다. 중학교 3학년이 되면 고등 국어를 대비해야 합니다. 고등학교 때는 중학교 때의 국어 공부를 바탕으로 여러 문제를 풀면서 국어 실력을 뾰족하게 갈고 닦아야 합니다.

한 문제집의 시리즈를 다 풀었을 때의 장점은 안정적인 프로그램이 연결된다는 것이고, 단점은 아이가 문제의 유형에 익숙해질 수 있다는 것입니다. 그래도 장점이 크기에 **문제집을 한 번 결정하면**

그 시리즈의 마지막 단계까지 마치는 것을 추천합니다.

보통 문제집을 살펴보면 여러 영역이 전 단계에 골고루 배분해서 구성됩니다. 그래서 한 문제집의 시리즈를 끝까지 다뤄야 단계별로 필요한 부분을 체계적으로 익힐 수 있습니다.

물론 한 가지 문제집만 진행하면 진도가 맞지 않습니다. 엄마표의 가장 큰 장점이 아이에게 공부의 내용을 맞출 수 있다는 것입니다. 아이가 잘 하면 그에 따라 진도가 빨리 나갈 수 있습니다. 그래서 여러 문제집을 섞어서 진행합니다.

두세 가지 문제집을 골라서 A문제집 한 권이 끝나면, B문제집 한 권을 진행하고 B문제집 한 권이 끝나면 C문제집 한 권을 진행합니다. 그렇게 세 문제집의 한 권이 다 끝나면 다시 A문제집의 2권을 진행합니다.

아니면 A문제집 1, 2, 3권을 진행하고 B문제집 1, 2, 3권을 진행해도 됩니다. 어떻게 하든 문제집을 꾸준히 하면 됩니다. 이렇게 진행하면 학년을 맞출 수 있습니다.

굳이 초등 저학년부터 국어 문제집을 풀 필요는 없습니다. 초등 저학년 때는 독서면 충분합니다. 국어 문제집 초등 저학년용을 살펴보면 저학년이 풀기에 쉽지 않습니다. 어려운 내용을 아이에게 공부하게 해서 국어를 싫어하게 할 필요는 없습니다. 초등 고학년이 되어서 국어 문제집을 시작하면 됩니다. 많은 양을 풀 필요 없습니다. 적은 양을 매일 풉니다. 국어 문제집을 고를 때는 아이의 학년보다 낮은 단계를 고릅니다. 그래야 국어 문제집을 풀면서 자신감을 가집니다. 그래서 본인 학년의 문제집을 풀 때 자신 있게 문제를 풀 수 있습니다.

국어 문제집을 풀 때 꼭 기억해야 할 것이 있습니다. 아이가 국어 문제집을 공부하는 이유는 정답을 맞히거나 국어 선행을 위한 것이 아닙니다. 국어를 공부할 때 부족한 부분을 채우기 위해서입니다. 정답에만 초점을 맞추면 아이는 틀린 답에 신경을 쓰느라 문제를 제대로 읽지 않습니다.

국어 문제집은 아이가 잘 아는 국어로 되어 있기 때문에 수학이나 영어처럼 어렵지 않습니다. 틀린 부분에 초점을 맞추기보다는 퀴즈처럼 재미있게 국어 문제집을 풀 수 있게 해야 합니다.

어휘력 문제집이나 독해 문제집 등의 국어 문제집을 풀 때 문제집만 풀어서는 효과를 얻지 못한다는 점을 유의해야 합니다. 독서를 통해 어휘를 익히고 독해 능력이 생긴 다음에 문제집을 풀어야 효과를 볼 수 있습니다.

국어 문제집을 풀 때도 독서가 바탕이 되어야 합니다. 독서가 중

심이 되어서 국어 능력을 키워야 합니다. 독서를 하다가 국어 부분
에 보완이 필요하면 국어 문제집을 풉니다.

5부

학년별 국어 공부와 독서 III
: 중고등부터 대입까지

초등 때까지의 국어 공부와 독서는 중고등학교 때의 국어 공부를 위한 준비 과정이라 할 수 있습니다. 이제 본격적인 국어 공부와 독서를 해야 합니다. 국어 공부와 독서로 대입을 준비해야 합니다. 중고등 때의 전략적인 국어 공부와 독서를 위해서는 초등 때의 국어 공부와 독서가 바탕이 되어야 합니다. 초등 때의 국어 공부와 독서를 바탕으로 중고등 때는 디테일하게 국어 공부와 독서를 다듬어야 합니다.

독서와 함께하는
전략적 국어 공부

대입까지 생각한 독서 로드맵

중학교의 전 과정은 고등학교의 준비과정입니다. 평가, 수업 운영 방식, 학생부 기록 등 많은 것이 중학교와 고등학교가 비슷합니다. 그래서 중학생이 되면 고입뿐만 아니라 대입까지의 로드맵을 생각해야 합니다.

독서도 마찬가지입니다. 초등학교가 6학년까지 있는 것처럼 중고등학교를 합해 6년이라고 생각해야 합니다. 그래서 6년간 독서를 어떻게 할 것인지 독서 로드맵을 짜야 합니다. 고등학생이 되면 책 읽을 시간이 거의 없습니다. 중학생 때 필수 작품들을 읽어야 합니다. 고등학교 수업시간에 다루어질 수많은 문학 작품과 수능 시험이나 모의고사에서 만나게 될 비문학 작품들이 그것입니다.

문학 작품의 경우 현대 소설과 고전 소설을 읽어야 합니다. 현대소설의 경우 반드시 읽어야 할 작품들이 있습니다. 주로 단편 소설들로 이루어져 있어서 한 편을 읽는 데 시간이 오래 걸리지 않습니다. 중학교 교과서에도 나오는 작품들이 많이 있기 때문에 미리 읽어 두어야 합니다.

고전 소설의 경우 고등학교에서 현대어가 아닌 고어로 나오기 때문에 뜻을 파악하기는커녕 읽는 것조차 힘든 경우가 많습니다. 그래서 고등학생이 되기 전, 중학교 3학년 때 미리 읽어 두어야 합니다. 고전 소설은 아마 전래동화를 읽으면서 접했던 내용이 많을 것입니다. 이제는 제대로 원본의 내용을 다룬 작품으로 읽어야 합니다.

고등학생이 되면 중학교 때 읽었던 현대 소설과 고전 소설을 끄집어내야 합니다. 수업시간에 문학 작품을 배울 때, 그 작품과 연계된 작품들이 언급될 것입니다. 그때마다 자신이 읽었던 작품을 떠올리고, 수업시간에 배우고 있는 작품과의 연결고리를 생각하며 공부하는 것이 중요합니다.

비문학도 마찬가지입니다. 요즘에는 비문학 갈래의 책도 딱딱하지 않고 재미있게 다루고 있는 것이 많습니다. 인터넷 서점의 카테고리 분류 중 사회정치, 역사, 인문, 예술 등을 찾으면 됩니다. 베스트셀러 영역에 있는 책들을 위주로 골라보세요. 여러 비문학 영역의 책들을 골고루 읽혀야 합니다. 중학생 때 읽은 이 비문학 책들은 나중에 훌륭한 배경지식이 됩니다.

중학생 때는 초등학생 때보다 독서할 시간이 없습니다. 일주일에 책 한 권 읽기도 빠듯합니다. 게다가 사춘기가 왔는지 엄마 말도 잘 듣지 않습니다.

엄마도 마찬가지입니다. 아이가 초등학생 때는 독서를 꼭 해야 한다는 신념이 있었지만 아이가 중학생이 되고 성적이 나오면서 독서에 대한 신념이 흔들리기 시작합니다. 당장 성적에 상관이 없는 독서보다 성적을 올리는 것이 더 중요하게 보입니다.

그래도 독서는 계속 해야 합니다. **이제는 양보다는 질로 승부해야 할 시기입니다. 깊이 있는 독서가 중요합니다.**

고등학생 때 국어에 발목이 잡혀서 넘어지지 않기 위해서는 중학생 때 열심히 달려야 합니다. 대부분의 책은 200~300페이지입니다. 이 정도 분량의 책은 수월하게 읽을 수 있어야 합니다. 초등학교 때부터 꾸준히 책을 읽은 아이들은 대부분 이 정도는 충분히 읽어낼 수 있습니다.

고등학생이 되면 책을 읽을 시간은 거의 없습니다. 초등학생 때부터 지금까지 저금해 온 독서 능력을 출금하는 시기입니다. 고등학생이 되면 3월, 6월, 9월, 11월에 대부분 모의고사를 칩니다. 모의고사에는 많은 문학 작품이 나옵니다.

이 문학 작품을 분석하는 것도 필요하지만 시험에 나온 문학 작품은 전문이 아닙니다. 그래서 **문학 작품들의 전문을 읽어둬야 비슷한 갈래의 작품이 나올 때를 준비할 수 있습니다.**

비문학은 시험에 나온 글을 찾기는 힘듭니다. 출제된 비문학 전문을 찾아 읽을 필요는 없습니다. **비문학 제재를 다룬 책들을 꾸준히 읽어서 배경지식을 쌓아 놓습니다.**

초등학생 때의 독서는 중고등학생 때의 독서를 위한 준비 기간입니다. 초등학교 독서에서 멈추면 안 됩니다. 마라톤 전략을 짜듯이 독서 플랜을 세워야 합니다.

우리 아이가 중학생이 되었다고, 고등학생이 되었다고 독서를 절대 멈추지 마세요.

중고등 국어 공부의 7대 3 법칙

중고등학생이 되면 국어 공부를 위한 독서가 필요합니다. 문학 영역과 동시에 비문학 영역의 독서도 해야 합니다. 공부할 양도 많은데 공부를 위한 독서까지 하려니 바쁠 수밖에 없습니다.

자유학기제로 성적이 나오지 않는 중학교 1학년 때까지는 국어 문제집 10권을 푸는 것보다 책 10권을 읽는 것이 더 가치 있다고 생각합니다.

국어 문제집을 푸는 것이 나무 하나하나를 세심하게 가꾸는 작업이라면 독서는 숲 전체를 다듬고 다지는 작업입니다. 숲 전체의 모습과 모양을 어느 정도 정해야 그에 맞춰 나무 하나하나를 세심하게 다듬는 것이 가능하면서도 의미가 있습니다.

중고등 국어 공부를 위한 7대 3 법칙은 초등 때와는 다릅니다.

초등 때는 재미있는 독서가 7, 국어 공부가 3이었습니다. 중고등 때는 국어 공부와 공부를 위한 독서가 7, 재미있는 독서가 3이어야 합니다. 이제는 아무래도 성적에 신경을 써야 하는 시기니까요. 독서보다 국어 공부가 중심일 수밖에 없습니다. 중고등학생이 되어서도 재미를 위한 독서만 7을 하면 책은 좋아하는데 공부를 못하는 아이가 됩니다.

이제는 독서의 힘만으로는 국어 성적이 나오지 않습니다. 독서가 기본 바탕이 되어서 국어 '공부'를 해야 합니다.

국어 공부를 한다는 것은 단순하게 국어 교과서를 읽는 것이 아닙니다. 교과서의 지문을 독해하고 학습활동을 풀고 국어 개념을 외워야 합니다. 특히, 중학교 국어 교과서에는 국어 개념이 많이 나옵니다. 이 개념들은 고등 국어의 기본이 됩니다. **국어 개념이 나올 때마다 개념 노트를 만들고 외워야 합니다. 국어 영역별로 노트를 따로 만들거나 노트가 한 권이라면 탭을 따로 만들어서 영역별로 분리해서 정리합니다.**

국어 개념 노트는 중학생 때뿐 아니라 고등학생이 되어서도 꾸준히 이어 나갑니다. 이 개념 노트는 아이의 국어 공부에 큰 도움이 됩니다. 다른 사람이 정리해 놓은 개념이 아니라 내가 정리한 개념이라서 나중에 찾더라도 기억이 더 잘 납니다.

보통 개념 정리도 중학 국어, 고등 국어 따로인데 자신이 만들면 연계해서 정리할 수 있습니다. 고등 국어 개념을 정리할 때 중학교 때 정리한 이 노트를 다시 보면서 복습도 가능합니다.

이렇게 국어 교과서를 공부하면서 국어 문제집을 병행해야 합니다. 비문학 문제집은 꾸준히 풉니다. 많은 양을 풀지 않아도 됩니다.

비문학 지문을 분석하는 방법과 문제 푸는 요령, 정답 찾는 요령을 연습하는 것이 문제집의 목적입니다. 비문학 문제집을 기본으로 어휘력이 부족하다 싶으면 어휘력 문제집을 추가합니다. 중학생 때는 문학 문제집은 추천하지 않습니다. 중학생에게 문학은 한국 단편 소설을 읽는 것으로도 충분합니다.

고등학생이 되면 달라집니다. 비문학과 문학 문제집을 병행하며 꾸준히 풀어야 합니다. 그런데 **중학생이나 고등학생이 되었다고 독서를 놓으면 안 됩니다. 국어 공부를 할 때 독서는 비율을 줄이더라도 계속 끌고 가야 합니다.**

읽기 능력은 훈련해야 유지할 수 있습니다. 기초 체력이 생겼다고 운동을 그만두면 바로 힘이 떨어집니다. 읽기 능력도 마찬가지입니다. 읽기 능력이 생겼다고 읽기를 훈련하지 않으면 능력은 줄어듭니다. 고등학생 때 가장 중요한 능력 중 하나가 읽기 능력입니다. 초등 때만 독서를 하면 중고등학생이 되어서 애써서 쌓은 읽기 능력이 줄어들 것입니다. 그래서 정작 그 능력을 사용해야 할 때 사용할 수 없습니다. 지금까지의 독서를 위한 노력을 물거품이 되지 않게 하려면 독서를 계속해야 합니다.

한국 단편 소설 읽기

중학생이 되면 공부를 위해 읽어야 할 첫 번째 문학 작품이 한국 단편 소설입니다. 중학생 때까지는 교과서에 나오는 작품 외의 것은 잘 다루지 않습니다. 그래서 교과서에서 다루고 있는 작품만 책을 찾아서 읽으면 됩니다.

고등학생이 되면 수업시간에 다루는 작품의 양이 늘어납니다. 그 작품과 연계된 작품도 많습니다. 그런데 독서 시간은 부족해집니다. 작품의 내용을 모르고 작품을 분석하거나 관련 문제를 풀기 어렵습니다. 그래서 **많은 고등학생이 고등학교 국어의 양이 너무 많고 어렵다고 하며 소위 '국포자'가 발생합니다.**

고등학교에 들어가서 국어 수업이 어렵다고 느끼는 이유가 몇 가지 있습니다.

첫째, 수업시간에 사용하는 용어가 어려워집니다.

둘째, 배우는 양이 많아집니다.

셋째, 수업시간에 다루는 작품들을 잘 모릅니다.

수업시간에 작품의 내용을 알고 수업을 듣는 것과 모르고 수업을 듣는 것은 이해하는 정도가 다릅니다. 그래서 여러 작품을 미리 읽어야 합니다.

재차 강조했듯이 고등학생 때는 많은 책을 읽을 시간이 없습니다. 중학생 때 한국 단편 소설을 읽어야 합니다. 중학교 교과서에도 여러 단편 소설이 나오기 때문에 중학교 공부를 대비할 수도 있습니다. 한국 단편 소설은 어떤 출판사의 책을 구매해도 상관없습니다. 어떤 것이든 작품의 전문이 실려 있으면 됩니다.

인터넷 서점에 '한국 단편 소설'이라고 검색하면 여러 책이 뜹니다. 대부분 여러 권의 시리즈로 이루어져 있습니다. 시리즈마다 수록되어 있는 작품이 약간 차이가 날 수 있습니다. 하지만 반드시 알아야 하는 작가들의 대표작은 대부분 실려 있기 때문에 아이가 마음에 드는 시리즈를 골라서 읽히면 됩니다.

단편 소설들은 긴 시간 집중해서 읽지 않아도 됩니다. 길이가 짧아서 틈틈이 읽어도 되고 한 번에 다 읽어도 됩니다.

책을 읽는 이유는 문학 작품을 알아두기 위한 것입니다. 스포일러라는 말을 들어본 적이 있을 것입니다. 이야기 속에 영화나 드라마의 내용을 이야기해서 내용을 다 알게 되어버리는 것을 말합니다. 미리 영화나 드라마의 내용을 알고 보면 재미는 덜할지 몰라도 이야기가 어떻게 진행될 거라는 안정감을 가질 수 있습니다. 게다가 그 장면이나 소품이 왜 그 때에, 그렇게 사용되었는지도 알 수 있습니다. 작품의 내용을 모르면 보이지 않는 부분입니다.

문학 작품을 볼 때도 마찬가지입니다. 작품을 읽지 않은 아이는 작품의 줄거리를 모르기 때문에 줄거리도 공부하고 선생님의 수업 내용도 따라가야 합니다. 하지만 **작품을 미리 읽은 아이는 수업에만 집중할 수 있습니다. 선생님의 설명도 훨씬 잘 이해할 수 있습니다. 작품 속의 복선이나 구조도 더 잘 파악하게 되는 거죠.**

중학교 국어 책에는 아직 고전 작품은 거의 나오지 않습니다. 설사 나온다 하더라도 현대어로 나오기 때문에 걱정할 필요가 없습니다. 고전 작품보다는 현대 작품을 읽어야 합니다.

현대시는 길이가 짧아서 수업시간 내에 작품 전체를 다 볼 수 있습니다. 하지만 현대소설은 수업시간 내에 작품을 다 살펴보기는 무리입니다. 수업시간에 작품의 전문을 읽지 않고 줄거리만 가볍게 설명하거나 안내만 합니다. 그래서 중학교 때는 한국 단편 소설은 반드시 읽어둬야 합니다.

고전 소설은 중학교 국어 공부가 거의 마무리 된 다음에 읽습니다. 현대 단편 소설을 먼저 읽고 고입 내신 성적을 산출한 뒤 교실이 어수선해서 집중이 잘 되지 않을 때 고전 소설을 읽으면 시간을 효율적으로 사용할 수 있습니다.

국어도 암기과목입니다

많은 사람들이 국어를 이해과목이라고 생각합니다. 국어도 엄연히 암기과목입니다. 국어 교과 문제 수준은 단순히 이해하면 풀 수 있는 것보다 훨씬 고차원적입니다. 수업한 내용을 바탕으로 학생들이 수업시간에 얼마나 공부를 열심히 했는지 확인하는 문제가 대부분입니다.

국어 시험 결과로 성적도 나오고 등수도 나와야 합니다. 그래서 학교는 등수를 분별할 수 있는 문제를 시험에 내야 합니다. 등수를 내기 위해서는 쉬운 문제를 낼 수 없습니다. 수업시간에 배운 내용을 안다는 전제 하에 응용문제를 냅니다. 수업시간에 배웠던 내용을 제대로 외우지 않았다면 응용문제를 손도 못 대겠지요.

게다가 지식적인 내용들은 외워야만 국어 성적을 잘 받을 수 있습니다. 특히 문법 단원의 경우에는 문법의 규칙을 외우지 않으면 답을 쓸 수 없습니다. 국어 교과의 다른 영역은 학년이 올라가더라도 반복되어서 다시 나옵니다.

하지만 문법 단원은 그렇지 않습니다. 제 학년에서 배워야 할 문법 내용은 그 학년에서 반드시 익혀야 합니다. 문법 단원은 수학 공식 같습니다. 앞 학년의 문법 공부가 제대로 되어 있지 않으면 다음 학년의 문법 공부를 이해할 수 없습니다. 국어 교과에서 유일하게 단계가 있는 영역이 문법 단원입니다.

2학년 때는 국어의 문장 성분에 대해서 배웁니다. 이때 이를 이해하기 위해서는 1학년 때 배운 품사를 알고 있어야 합니다. 그래서 반드시 제 학년의 내용을 외운 뒤에 다음 학년의 수업을 들어야 합니다.

문법 영역만 암기가 필요할까요? 다른 영역도 마찬가지입니다. 제가 얼마 전에 수업한 '설명하는 글쓰기' 단원을 살펴보겠습니다.

먼저 글이 한 편 나옵니다. 그리고 설명 방법 여섯 가지를 공부합니다. 제시된 글에서 사용하고 있는 설명 방법을 찾고 설명 방법이 실제로 어떻게 사용되는지 파악합니다. 그후 수행평가로 이 여섯 가지 설명 방법 중 두 가지 이상의 설명 방법을 사용해서 직접 글을 씁니다.

만일 설명 방법의 개념을 외우지 않았다면 글에서 무슨 방법으로 설명하고 있는지 알 수 없습니다. 설명하는 글을 쓸 때도 마찬가지겠지요. 결국 암기가 없으면 학습 목표에 도달하지 못하고, 수업도 제대로 할 수 없다는 뜻입니다.

국어는 절대 이해과목이 아닙니다. 국어 성적을 높이고 싶다면 국어 교과서를 꼼꼼하게 읽어야 합니다. 그리고 본문에 등장하는 각종 개념이나 의미를 다 외워야 합니다. 암기를 하고 나서 학습활동을 공부하면서 필요한 부분을 확인해야 합니다.

암기가 바탕이 되어야 국어 공부가 쉬워집니다. 암기가 국어 공부의 속도를 높여줍니다. 고등학생이 되어서도 마찬가지입니다. 수업시간에는 각종 국어 용어를 사용해서 수업을 합니다. 그 용어들을 다 암기하고 있지 않다면 수업을 이해하지 못합니다. 수업의 양도 많고 속도도 빠른데 그때마다 이미 배웠던 국어 용어나 개념을 설명할 수 없습니다. 이미 배웠던 개념은 다 암기하고 있어야 합니다.

물론 고등학교 국어 시험은 수업 내용을 암기하는 것만으로는 대비하기 힘듭니다. 고등학교 시험에서는 이미 암기한 내용이 보기에서 조건으로 나옵니다. 보기나 선지에 맞춰서 작품을 해석하고 그 관계를 찾아내야 합니다.

하지만 이 역시 기본적으로 작품이나 개념이 암기되어 있지 않으면 풀 수 없습니다. 어느 정도 그 내용을 이해해야 암기도 할 수 있습니다. 배경 지식이 있으면 암기가 쉽습니다. 독서를 많이 할수록 배경지식이 많아집니다. 따라서 국어 공부를 위해서는 암기와 독서 두 가지가 꼭 필요합니다.

비문학 독해 문제집 반드시 풀기

중고등학생이 되면 비문학 독해 문제집을 풀어야 합니다. 초등학생 때까지의 독서 실력을 국어 공부 실력으로 바꿔야 하기 때문이죠. 독서를 통해 기초 체력을 만들었다면 문제집을 통해서 날카롭게 다듬어야 합니다.

중고등학교의 독해 문제집은 문제 풀이 연습용으로 나온 문제집입니다. 독해 문제집에는 비문학이라는 생소한 지문이 나옵니다. 이 지문이 익숙해지게 반복하고 학습하는 것입니다. 비문학 영역은 그 분야에 관심을 갖고 있지 않으면 가독성이 떨어집니다. **비문학 문제집은 주제가 다양하고 지문이 짧아서 지겹지 않습니다.** 여러 영역을 맛보기처럼 조금씩 다룹니다. 그중에서 아이가 관심 있어 하는 영역이 있으면 그 분야의 책을 읽혀 주세요.

독해 문제집을 통해 독해력을 쌓기는 힘듭니다. 독해 문제집의 목적 자체가 문제 풀이용이기 때문입니다. 독해 문제집은 일정 수준 이상의 독해력을 갖추었을 때 효과적입니다. 독해력은 글을 읽고 해석하는 능력입니다. 짧은 글보다는 긴 글을 읽어야 독해력을 키울 수 있습니다.

아이의 독해력이 부족하다면 문제 풀이가 목적인 독해 문제집을 추천하지 않습니다. 독서를 통해서 독해력을 쌓은 다음 문제집을 풀어야 합니다. 고등학생이 되어서 독서를 하기에는 시간이 빠듯합니다. 중학생 때라도 독해력을 쌓아야 합니다. 아이러니하게 **독해력**

이 없는데 독해 문제집만 풀면 그 효과는 반감됩니다. 오히려 문제를 풀면서 점수를 얻거나 정답을 찾는 데만 치중할 수 있습니다. 그래서 지문을 제대로 읽지 않거나 독해 의지를 없애버리는 부정적 결과를 가져 올 수 있는 거죠.

독해 문제집을 풀 때는 독해 지문을 제대로 분석하고 문제를 풀어야 합니다. 비문학 지문은 배경지식을 묻는 문제가 아닙니다. 배경지식이 있으면 독해하는데 도움이 되기는 하지만 그것이 독해의 핵심은 아닙니다. 본문 내용을 얼마나 잘 분석하고 읽어내는가가 핵심입니다.

지문을 제대로 파악하지 못하면 독해 문제집은 소용없습니다. 중고등학교 독해 문제집을 살펴보면 교재 수준이나 구성에 큰 차이는 없습니다. 문제집들이 어느 정도 표준화되어 있기 때문입니다. 문제 유형도 핵심어 찾기, 구조 파악하기, 내용 이해 확인 등 비슷합니다. 아이가 원하는 문제집을 골라서 풀게 하면 됩니다.

독해 문제집을 풀 때는 다양한 지문을 읽는데 초점을 둡니다. 문제집이기는 하지만 우리가 독해 문제집을 푸는 목적은 문제풀기만이 아닙니다. 독해입니다. 독해 '문제집'이 아니라 '독해' 문제집으로 활용해야 합니다. 독해 문제집은 백점을 받는 것이 중요하지 않습니다. 지문을 읽고 문단마다 번호를 매기고, 문단 내용을 요약하고, 핵

심어를 찾고, 중심 문장을 찾는 등의 연습이 더 중요합니다. 그 뒤에 문제를 풀어야 합니다. 정답인 것과 정답이 아닌 것의 이유를 본문 내용 중에서 찾아서 분석해야 합니다.

아이가 혼자 공부한다면 처음에는 독해 문제집의 답지에 있는 독해 요령을 보면서 독해를 따라 합니다. 나중에는 스스로 독해 스킬을 사용해서 본문을 분석하는 연습을 합니다. 답지와 비교하면서 자신이 제대로 분석했는지도 확인해 봅니다.

독해 문제집을 풀 때는 뒤쪽의 해설서를 꼼꼼하게 봐야 합니다. 독해 문제집의 답지에는 독해 요령도 나와 있고, 각 문제에 대한 설명도 상세합니다.

아이가 혼자서 공부한다면 독해 문제집의 답지를 꼭 읽혀야 합니다. 엄마가 해설서를, 아이는 문제집을 보면서 엄마가 설명을 해줘도 됩니다. 채점하고 틀린 것만 보면 안 됩니다.

중1 : 6년간의 장기 독서 플랜을
세우는 중요한 시기

자유학기제, 자유학년제

중학교에 처음 입학하면 자유학기제를 만나게 됩니다. 학교마다 자유학년제를 운영하는 경우도 있습니다. 2013학년도에 시범적으로 시작한 자유학기제는 2016학년도에 전면 시행되었습니다. 시도에 따라 자유학기제가 확대된 자유학년제가 전국 중학교에서 전면 운영될 예정입니다.

교육부 사이트에는 자유학기제란 '중학교 과정 중, 한 학기 또는 두 학기 동안 지식·경쟁 중심에서 벗어나 학생 참여형 수업을 실시하고 학생의 소질과 적성을 키울 수 있는 다양한 체험 활동을 중심으로 교육과정을 운영하는 제도'라고 안내하고 있습니다. 학교마다 차이는 조금씩 있겠지만 대부분의 학교에서 자유학기제는 다음과 같이 진행됩니다.

오전에는 일반 교과수업입니다. 일부 시도에서는 지필고사를 치기도 합니다. 그러나 대부분의 시도에서는 지필고사를 치르지 않습니다. 그래서 2, 3학년의 지필고사 기간에 1학년은 대부분 진로 탐색 활동을 합니다. 지필고사가 없기 때문에 지필평가 부담 없이 교과와 관련된 다양한 활동을 합니다. 대부분 활동 중심 수업으로, 선생님들은 아이들의 활동을 관찰한 내용을 성적표에 글로 서술합니다.

오후가 되면 요일별로 진로 탐색 활동, 주제 선택 활동, 예술·체육 활동, 동아리 활동 등을 합니다. 이 수업들은 집중도를 위해 2시간 연속으로 운영합니다. 진로 탐색 활동은 진로 교사의 지도하에 주로 다양한 진로 체험이나 진로 검사를 하고, 검사 결과를 분석하는 등 진로를 탐색하는 활동을 합니다. 주제 선택 활동은 학교에서 주제 선택으로 선정한 교과(주로 국어, 영어, 수학, 사회, 과학)의 교과 담당 선생님들이 자신이 맡은 교과의 심화 내용을 주제로 정합니다.

예술·체육 활동은 음악, 미술, 체육 등 예술·체육과 관련된 활동을 합니다. 예술과 체육에서 두 가지를 선택합니다. 매년 지침이 조금씩 바뀌기는 했지만 지금은 대부분 예술(음악이나 미술) 한 과목, 체

육 한 과목 선택합니다. 다른 자유 학기 활동이 대부분 주 1일인데
비해 예술과 체육을 각각 주 1일로 해서 주 2일 운영합니다.

동아리 활동은 원래 창의적 체험 활동 시간에 하던 동아리 활동
이라고 생각하면 됩니다. 이 모든 활동도 평가를 따로 하지 않습니
다. 교과 수업처럼 성취기준에 따라 학생들의 관찰 결과를 서술합니
다. 그래서 중 1 자유학기제가 끝난 성적표에는 교과별 관찰 결과가
서술되어 있습니다. 석차가 나오지 않아 아쉬울 수 있습니다. 하지
만 성적표를 통해 아이의 평소 수업 태도를 살펴볼 수 있습니다.

자유학년제는 자유학기제와 유사하게 일 년간 운영합니다. 자유
학기제는 대부분 틀이 비슷하지만, 자유학년제는 학교마다 운영에
차이가 있습니다.

자유학기제 수업시간은 일반 수업시간과 다릅니다. 학생들이 가
만히 앉아서 수업을 듣는 것이 아닙니다. 자유학기제 정의처럼 학생
참여형 수업을 실시하기 때문에 학생은 수업에 활동적으로 참여해
야 합니다.

활동 중심의 수업에서 유의해야 할 것이 한 가지 있습니다. 아는
것이 별로 없는 학생들은 적극적으로 수업에 참여하기 힘들다는 것
입니다. 수업에 흥미가 없는 아이들은 수업시간에 엎드려 있는 모습
이 많이 보입니다. 왜 그런 걸까요?

활동은 아웃풋(결과, 산출)입니다. 인풋(노력, 투입)이 없거나 빈약한 상태에서는 무엇을 꺼내려고 해도 제대로 꺼낼 수 없습니다. **직간접적인 경험을 통해 많은 것을 내면에 채운 아이가 자기 안의 것을 꺼내어 발표하는 활동 중심의 수업에서 적극적일 수밖에 없습니다.**

자유학기수업은 모둠별 활동 중심으로 공부하는 경우가 많습니다. 이때, 수업시간 내용과 관련된 지식이 있어야 모둠 활동에 적극적으로 참여할 수 있습니다. 다른 아이들과 함께 하는 활동이기 때문에 전체적인 수업의 틀은 있지만 수업 중 내용은 아이들끼리 구성합니다. 그래서 교과 내용을 예습하는 것만으로는 수업에 적극적으로 참여할 수 없습니다. 그 분야에 대해 여러 가지 배경지식이 있어야 합니다.

배경 지식을 쌓기 제일 좋은 방법은 독서입니다. 이 배경지식이 중학교 첫 단추인 자유학기제, 자유학년제를 준비하는 방법입니다.

학교생활기록부에 작성되는 것

아이의 학교생활기록부를 본 적이 있나요? 학교생활기록부는 아이의 학교생활을 기록해놓은 자료입니다. 각 교과별로 수업시간에 어땠는지, 성적은 어떤지, 교과 외의 활동은 무엇을 했는지, 무슨 상을 언제 받았는지 등, 학교생활과 관련된 모든 것이 기록되어 있습니다.

보통 학교생활기록부를 줄여 '학생부'나 '생기부'라고 부릅니다. 학교생활기록부를 보기 위해서는 나이스 학부모 서비스에 접속해서 학부모 인증서를 발급받아 등록하고 서비스를 이용하면 됩니다. 상급학교로 진학하면 학부모 서비스를 다시 신청해야 합니다. 학교에서 지난 학교급의 학생부 기록은 보이지 않습니다.

1학년 신입생의 학생부 기록은 비워져 있습니다. 지난 기록은 편견을 줄 수 있으므로 새롭게 학교생활을 시작하라는 의미입니다.

학교생활기록부의 기록을 보면 아이가 학교생활을 얼마나 성실하게 했는지를 알 수 있습니다. 중학교는 고등학교의 준비과정입니다. 초등학생 때는 즐겁게 학교생활을 하는 것이 중요하지만 중학생이 되면 성실함을 익혀야 합니다.

즉, 수업시간에 성실하게 듣는 태도를 습관화해야 합니다. 하지만 학교생활기록부에는 교과별 세부 능력 특기사항이 있습니다. 교과 선생님들이 여기에 교과별 특기사항을 기록합니다.

이 사항은 교과 선생님들의 재량인 영역입니다. 쓸 수도 있고 쓰지 않을 수도 있습니다. 교과 선생님들이 수업을 성실하게 듣는 아이와 성실하게 듣지 않는 아이 중에서 누구를 더 꼼꼼하게 신경을 써 줄지는 안 봐도 알 수 있죠.

학교에서 하는 각종 대회나 활동들도 결과와 상관없이 참여하게 합니다. 수상하지 못해도 좋습니다. 대회나 활동 참여 경험은 크든 작든 아이에게 좋은 경험이 됩니다. 수행평가나 지필평가를 치를 때도 성실하게 시험을 칩니다. 그 결과에만 연연해하면 안 됩니다. 이는 고등학생 때 수행평가나 지필평가의 준비 과정이라고 생각해야 합니다.

중학생 때의 평가 준비가 결국 고등학생 때의 평가와 연결됩니다. 수행평가나 지필평가를 마치고 왜 자신이 점수가 깎였는지, 평가 기준을 어떻게 맞춰야 하는지 등을 곱씹어봐야 합니다. 중학생 때는 수행평가 점수를 잘 받는 방법, 지필평가를 칠 때 시간 관리나 답을 쓰는 요령 등을 연습해야 합니다.

중학생 때도 독서를 성실하게 해야 합니다. 학교생활기록부의 비교과 영역이 축소되고 있어서 독서 부분이 중요하게 여겨지지 않을 수 있습니다. 중학교 때의 꾸준한 독서가 고등학교 국어 성적에 영향을 줍니다. 독서를 꾸준히 해야 고등학생이 되어서 갑자기 어려워진 교과서를 읽는 힘을 키울 수 있습니다. 중학생의 성실함이 바탕이 되어야 고등학생이 되어서 학교생활을 제대로 할 수 있습니다.

중학생 때는 약간 불성실해도 책임이 크지 않습니다. 하지만 고등학생이 되면 다릅니다. 고등학생은 중학생 때 익혔던 성실함을 바탕으로 학교생활을 해야 합니다. 학교생활의 그 성실함이 기록부에 그대로 기록됩니다.

고등학생은 자신의 불성실함에 대해 책임을 집니다. 즉 학교 수업을 성실하게 듣지 않거나 수행평가, 지필평가를 성실하게 하지 않으면 내신 성적이라는 책임을 져야 되는 거죠.

학교에서 진행하는 대회나 활동, 독서, 봉사 등의 비교과 영역도 마찬가지입니다. 성실하게 비교과 영역에 참여한다면 그 결과는 어떤 형태로든 학교생활기록부에 기록될 것입니다. 고등학교 때의 성실함은 대입이라는 결과가 따라옵니다.

고입, 대입에도
독서 활동은 매우 중요합니다

현진이는 평소 책을 많이 읽고, 소위 '말빨'이 좋은 아이였습니다. 아이들이 현진이는 말빨로 전교회장이 되었다고 이야기할 정도였습니다. 아이가 가고 싶어 하는 대학교가 있었습니다. 서울에 있는 꽤 유명한 대학교였습니다. 전교 회장이었기 때문에 리더십 전형으로 그 대학교에 원서를 넣었습니다. 그 대학교의 커트라인이 2점대 초반이었는데 현진이의 성적은 2점대 초중반으로, 그 대학교에 가기에는 성적이 조금 모자랐습니다. 담임선생님도 떨어질 것 같아 걱정했지만 아이는 꼭 그 대학교를 가고 싶어 했습니다.

면접날이 되었습니다. 현진이는 지하철을 탔습니다. 마침 자리 위에 신문이 하나 놓여 있었습니다. 지하철을 타고 가는 시간에 할 일이 없어서 신문을 펼쳤습니다. 신문의 헤드라인과 1면의 기사를 읽었습니다. 지금은 많이 바뀌었지만 그 당시 그 대학교는 학생에게 면접 질문을 뽑게 해서 그 내용을 답변하게 했습니다.

현진이는 면접 질문을 뽑고 놀랐습니다. 자신이 뽑은 면접 질문이 신문 1면의 기사내용이었던 것입니다. 아이는 신문의 내용과 자신의 생각을 적절히 섞어서 면접을 보았습니다.

며칠 뒤, 합격이라는 통보를 받았습니다. 사실 현진이의 성적으로는 붙을 가능성이 거의 없었습니다. 그런데 면접을 잘 봐서 내신 성적을 뒤집은 것입니다. 현진이의 합격은 아이 자신도, 학교도 아무도 예상하지 못한 것이었습니다.

어떻게 자신의 성적보다 더 높은 대학에 합격할 수 있었을까요?

현진이 스스로도 자신이 그동안 읽었던 책이 큰 도움이 되었다고 말합니다. 신문 기사의 내용이 결정적이기는 했지만 그 내용을 그대로 이야기한 것은 아닙니다. 신문 기사의 내용과 자신이 그동안 읽었던 책에서 봤던 내용들을 정리해서 이야기했다고 합니다.

꾸준히 책을 읽고 자신의 생각을 논리적으로 정리하는 아이가 말도 조리 있게 잘 합니다. 아마 평소에 독서를 꾸준히 하고 자기 생각을 정리하지 않았다면 면접에서 말을 제대로 하기 힘들었을 것입니다.

2024년 대입부터 정규 교육 과정 외의 비교과 활동은 대입에 반영되지 않습니다. 게다가 독서, 봉사, 동아리 등의 비교과 영역을 점점 축소한다고 합니다. 대신 교과별 세부 능력 특기사항(교과세특)을 전 학생에게 기록하는 등 학교 수업에 충실하게 활동하는 것을 강조합니다. 학교생활 외의 다른 과도한 활동을 줄이고 학교 수업에 충실하게 참여하도록 하기 위해서입니다.

그러면 독서는 하지 않아도 되는 것일까요? 비교과 영역은 영향력이 전혀 없는 것일까요?

비교과 영역이 직접 반영되지 않는다고 해서 결코 영향력이 작아지는 것은 아닙니다. 직접 드러나지 않을 뿐입니다. 그 아이의 성실함, 여러 영역에서의 활동은 교과별 세부 능력 특기사항 등에 녹아 나타납니다. 게다가 현진이의 예에서 보듯이 고입이나 대입에서 면접을 볼 때, 그 아이의 독서 역량은 빛을 발합니다. 학교생활기록부에 드러나 있지 않아도 충분히 면접이나 다른 입학과정에서 비교과 영역의 능력을 살펴볼 수 있습니다.

선생님들끼리 항상 하는 이야기가 특목고나 대학에서 면접을 보면 어떻게 그렇게 딱 그 학교에 맞는 아이들을 뽑아 가는지 신기하다는 것입니다. 단순히 학교 공부만 잘한다고 해서 면접에서 풍부하게 이야기를 잘 할 수 없습니다. 많은 직간접 경험과 그것을 스스로 생각하면서 내면화시킨 아이가 면접에서 이야기를 훨씬 풍부하게 잘 할 것입니다.

이런 능력은 독서와 자기 생각을 글로 쓰는 과정에서 발달합니다. 독서 능력과 글쓰기 능력은 중학생이 되었다고, 고등학생이 되었다고 해서 갑자기 생기는 능력이 아닙니다. 초등학생 때부터 꾸준한 독서 습관과 글쓰기 연습을 통해서 기를 수 있는 것입니다.

중2 : 첫 지필고사 준비,
공부 전략 짜기

중학교 내신 성적 산출 방법

초등학교에서는 지필평가를 따로 치지 않습니다. 수시로 단원평가를 치거나 과정 평가를 통해서 아이의 성취도를 확인하고 이 내용을 성취 수준에 따라 채점합니다.

중학교 1학년인 자유학기제나 자유학년제도 마찬가지입니다. 하지만 중학교 2학년이 되면 지필평가를 치고, 내신 성적을 산출합니다. 중학교 1학년 때까지는 시험을 치르지 않기 때문에 아이의 정확한 실력을 모르다가 2학년 때 첫 지필고사 성적에 아이도, 엄마도 충격을 받는 경우가 많습니다. 어떤 부모님은 상담을 오셨다가 성적을 보고 충격을 받아 상담 내내 펑펑 울고 가는 경우도 있었습니다.

중학교에서 내신 성적을 산출하는 방법을 간단히 살펴보도록 하겠습니다.

예체능 교과는 P(pass)/F(fail)로 성적이 나옵니다. 그 외의 교과는 과목별 성취도로 성적을 표기합니다. 전 과목을 합산해서 등수를 내거나 전 과목 평균은 나오지 않은 지 오래입니다. 평가는 크게 수업 중에 실시하는 수행평가와 지필고사기간에 실시하는 지필고사 두 가지가 있습니다.

수행평가는 보통 학기당 2회 이상 실시합니다. 최근에는 과제형을 지양하는 편이라 되도록 수업시간에 할 수 있는 활동으로 수행평가를 실시하는 추세입니다.

지필고사는 수행평가와의 비율이나 서술형 평가의 비율을 조절하여 세 가지 중 하나를 결정합니다. 지필고사를 치르지 않을 것인지, 한 학기에 1회를 실시할 것인지, 한 학기에 2회를 실시할 것인지를 결정합니다.

수행평가를 100%로 정하면 지필고사를 치지 않을 수도 있습니다. 보통 국어 교과는 지필을 최소 한 번은 치는 분위기입니다. 수행평가와 지필평가의 비율은 매년 조금씩 달라지는데 교육청의 권고

사항에 따라 비율을 결정합니다.

평가 계획서에 따라 수행평가와 지필평가를 실시하고 나면 영역 별로 100점 만점으로 하여 처음 평가계획에 세웠던 비율로 시험 점수를 반영하여 점수를 냅니다. 예를 들어 수행평가와 지필평가의 비율을 4:6, 수행평가 2회로 각각의 비율을 2:2, 지필평가 2회로 각각의 비율을 3:3이라고 계획했다고 가정하겠습니다. 수행평가에서 각각 100점을 받고, 지필고사도 2번 다 100점을 받았으면 30점×2회 =60점, 지필고사 20점×2회=40점으로 계산합니다. 지필고사에서 두 번 다 100점을 받았다고 해서 그 학기의 성적이 100점이 안 나올 수도 있습니다. 수행평가 점수가 변수가 되기 때문입니다.

이렇게 학기별, 과목별로 총 100점을 만점으로 점수를 냅니다. 복잡한 계산식이 있기는 하지만 간단하게 반올림해서 100~90점은 A등급, 89~80점은 B등급, 79~70점은 C등급 등으로 하여 E등급까지 등급을 낸다고 보면 됩니다. 100점을 받아도 A등급이고, 90점을 받아도 A등급입니다. 이 점수 때문에 고등학교에 가서 아이들이 한 번 더 성적으로 좌절하게 됩니다. 자세한 것은 고등학교 내신 성적 산출 방법에서 말씀드리겠습니다.

이렇게 내신 성적을 매기고 학년별로 점수화되어서 고등학교에 입학할 때, 내신 성적으로 반영됩니다. 중학교의 평가는 절대 평가이기 때문에 등급별로 학생 수가 정해져 있지 않습니다. 대체로 전교생의 20% 정도의 학생이 A등급을 받습니다. 내신 성적은 한 학교 안에서 성적을 매깁니다.

그 학교의 시험 문제가 쉬운 편이면 A를 받는 학생이 많을 것이고, 시험 문제가 어려운 편이면 C나 D를 받는 학생들이 많을 것입니다. 또 성적이 좋은 학생들이 많이 있는 학교에서는 시험 문제를 쉽게 내면 너무 많은 학생이 A에 몰리기 때문에 시험 문제를 어렵게 낼 것이고, 성적이 좋지 않은 학생들이 많이 있는 학교에서는 시험 문제를 어렵게 내면 A를 받는 아이가 하나도 나오지 않을 수 있으므로 문제를 쉽게 낼 것입니다.

그래서 같은 A등급을 받았다 하더라도 학교의 학업 분위기에 따라 그 수준은 천차만별일 수 있습니다.

아이가 A등급을 받았다고 무조건 잘한다고 생각하면 안 됩니다. 중학교 성적에 일희일비하지 말고 제대로 된 국어 실력을 다듬어야 합니다.

국어는 출판사마다 배우는 내용이 다릅니다

중고등학교의 국어 교과서는 초등학교 때처럼 전국이 다 똑같은 교과서가 아닙니다. 그래서 학교에서 어떤 출판사의 교과서를 선택했는지 알아야 합니다.

사회나 과학 교과는 사실적인 지식을 가르치는 내용 교과입니다. 그래서 출판사와 상관없이 가르치는 내용이 거의 같습니다. 그에 반해 국어 교과는 다른 교과를 학습하는 수단이 되는 도구 교과입니다. 국어 교과는 학습 목표가 같다 하더라도 제재가 달라지면 수업 내용이 완전히 달라집니다. 그래서 학교에서 선택한 교과서의 출판사에 따라 공부해야 할 내용이 다릅니다. 무슨 말이냐고요?

학습 목표가 '비유와 상징의 효과를 알 수 있다'라고 가정해보겠습니다.

이 단원의 학습 목표는 '비유와 상징의 효과를 아는 것'입니다. 그러기 위해서는 비유와 상징의 효과를 설명합니다. 시에서 비유와 상징이 어떻게 쓰였는지 찾아봅니다. 그리고 비유와 상징을 실제로 사용해봐야 합니다. 그런데 비유와 상징을 설명하기 위해 A출판사에서는 '돌담에 속삭이는 햇발(김영랑)'을 제시하고 B출판사에서는 '햇비(윤동주)'를 제시합니다.

A출판사나 B출판사 둘 다 학생들에게 비유와 상징의 개념을 설명합니다. 여기까지는 내용이 같습니다.

'돌담에 속삭이는 햇발'이나 '햇비'에서 비유와 상징을 사용하고 있는 부분을 찾고, 비유와 상징이 어떤 효과가 있는지 생각합니다. 비유와 상징을 찾는 것은 같지만 작품이 달라 다른 시어를 통해 그 효과를 살펴봅니다. 이제 알게 된 비유와 상징을 사용해서 시를 지어봅니다. 이 활동은 아이들마다 다 다르게 시를 쓸 것이기 때문에 교과서의 내용과는 상관없습니다.

어쨌든 아이들은 이제 그 개념을 알고, 시에서 어떻게 사용되었는지, 효과까지 알게 되었습니다. 게다가 실제 비유와 상징을 사용하여 시도 써 보았습니다. 학습목표는 달성하였습니다.

그런데 수업은 거기서 끝나지 않습니다.

김영랑 시인이나 윤동주 시인이 나왔는데 이 시인들에 대해서 알아야겠지요. 그래야 아이들도 시에 관심을 가지고 읽겠죠. 그 시인들이 태어나서 살아왔던 시대, 또 그 분들의 삶에 대해 살펴봅니다.

김영랑 시인과 윤동주 시인은 위의 두 작품만 쓴 것이 아닙니다. 이 시인들의 다른 작품도 살펴봅니다. 이왕 시가 나왔는데 시에서 비유와 상징의 효과만 살펴볼 수는 없습니다. 시의 내용도 살펴봅니다. 시 자체의 느낌이나 아름다움, 이 시가 가지고 있는 가치 등에 대해서 생각해봅니다.

이렇게 A출판사와 B출판사에서 나온 두 시를 통해서 '비유와 상징'의 개념을 알고 그 효과를 알게 되었습니다. 하지만 작품이 다르기 때문에 세부적인 내용들은 다릅니다. 게다가 중학생들은 아직 어려서 자신이 배운 작품에서 '비유와 상징'은 알지만 다른 작품에 적용하는 것까지는 힘듭니다. 학습목표는 같았지만 작품이 달라지면서 수업 내용이 달라진 것입니다.

시험은 어떻게 나올까요?

학습목표로만 시험 문제를 내면 아이들은 수업시간에 다루지 않은 작품에서 비유와 상징을 찾아야 합니다. 아직 그 단계까지 연습이 되지 않았기 때문에 시험 문제로 부적절합니다. 수업시간에 배웠던 시에 대한 내용을 시험 문제로 내야 합니다. 수업시간에 배웠던 시인이나 시 자체의 내용에 대한 것들이 시험 문제로 나옵니다. 결국 A 출판사 국어 교과서로 수업을 들은 아이와 B 출판사 국어 교과서로 수업을 들은 아이는 수업시간에 배우는 내용도 다르고, 시험 문제도 다를 수밖에 없습니다.

그래서 국어 공부를 위해서는 아이가 다니는 학교의 국어 교과서 출판사를 알아야 합니다. 국어 교과서에서 다루는 핵심 내용은 어느 출판사나 같습니다. 하지만 핵심 내용을 구성하기 위한 내용은 다릅니다. 따라서 **아이가 다니는 학교의 국어 교과서의 내용에 맞춰서 국어 공부를 다르게 해야 합니다.**

국어 교과서의 개념은
수학 공식과 같습니다

효준이가 교무실로 낡은 시집을 하나 가지고 왔습니다.

쭈뼛쭈뼛하더니 질문을 합니다.

"선생님, 이 시 해석 좀 해주세요. 현우랑 이 시를 어떻게 해석해야 할지 도서관에서 싸우다가 왔어요."

"무슨 시인데?"

80년대에나 만들어졌음직한 오래된 시집이었습니다. 이런 시집이 학교 도서관에 있다는 것도 신기할 지경이었습니다. 처음 보는 시입니다. 하지만 시 자체가 어렵지는 않았습니다. 그래서 간단하게 시를 설명해주었습니다. 효준이는 매 수업시간마다 제일 앞자리에 앉아서 집중하며 수업을 듣는 아이이기 때문에 그냥 해석만 하고 보내기가 아쉬웠습니다.

"근데 효준아. 여기 이거. 지난번에 수업시간에 시 배울 때 '화자'에 대해 설명했던 거 기억나? 그 화자의 어조가……."

관련된 시의 개념까지 설명해주었습니다. 효준이는 수업시간에 배웠던 시의 개념이 이 시에도 쓰이는 줄 몰랐다면서 놀라워했습니다. 또한 수업시간에 배운 개념으로 처음 보는 시를 해석할 수 있다는 것과 교과서에서 배운 건 교과서에서만 나온다고 생각했는데, 이렇게 다른 작품을 해석할 때도 쓸 수 있다는 것이 너무 신기하다며 인사를 하고 교무실을 나갔습니다.

수학에서 공식은 매우 중요합니다. 수학 공식을 모르면 다른 문제를 풀 수 없습니다.

수학 공식이 나오게 된 배경과 그 과정을 배우고 수학 공식을 외워야 합니다. 국어도 국어 공부를 잘하기 위해서 반드시 공부해야 하는 개념들이 있습니다. 이 국어 교과서에서 나오는 개념들은 국어 공부를 계속하기 위해서는 반드시 이해하고 외워야 하는 것들입니다. 만일 문학을 공부하면서 서술자, 시점, 운율, 시상 등의 개념이 나오면 그 개념을 정확하게 이해해야 합니다. 이 개념을 모르면 다른 작품을 해석할 수 없습니다.

국어 교육에서 가장 중요하게 여기는 것은 작품을 하나 제시하고 그 작품을 달달달 외우게 하는 것이 아닙니다. 소설이라면 그 소설을 통해서 서술자를 파악하고 서술자의 위치에 따른 시점을 찾아야 합니다. 주동 인물과 반동 인물도 파악해야 합니다. 작가가 이 작품을 쓴 이유를 작가와 작가가 살았던 시대 등을 살펴보고 작품을 해석해야 합니다.

국어 공부의 목적은 작품을 통해 국어 개념을 공부하고, 이를 적용해서 작품을 해석하는 방법을 익히는 것입니다. 이 작품을 통해

**익힌 국어 개념을 다른 작품에도 똑같이 적용해서 해석할 수 있어야
합니다.**

문학도, 문법도 국어를 공부하는 기본은 같습니다. 그래서 국어
교과에서 나오는 개념을 정확하게 익혀놓아야 합니다. 그렇지 않으
면 학생들은 국어 개념이 나올 때마다 헷갈릴 수밖에 없습니다. 수
업을 할 때마다 제가 외치는 말이 있습니다.

'시에서 이야기하는 사람은 화자이고, 소설에서 이야기하는 사람
은 서술자이다. 화자와 서술자는 작가가 아니다. 작가가 자신과는
다른 화자와 서술자를 내세워서 이야기하는 것이다.'

하지만 3년을 이야기해도 화자와 서술자의 개념을 물어보면 헷
갈리는 아이들이 많습니다.

국어의 개념을 제대로 익히지 않으면 아이들은 백 개의 작품을
다루면 그 작품을 다 외워야 합니다. 사람의 머리가 아무리 똑똑하
더라도 한계가 있을 것이고, 아이들은 국어 공부만 하는 것이 아닌
데 백 개의 작품을 절대 다 외우지 못합니다. 더 슬픈 현실은 아이들
이 공부해야 할 문학 작품은 백 개보다 몇 십 배는 더 많다는 사실입
니다.

중3 : 입학할 고등학교의
성격에 맞는 독서와 국어 공부

전래부터 한문 소설까지,
고전 소설 읽기

중학교 2학년 때까지는 한국 단편 소설을 읽으면서 문학 작품을 감상하는 눈을 키워야 합니다. 중학교 3학년이 되면 이제 고전 소설로 옮겨야 합니다.

원작이라 하더라도 고등학생 때 읽는 것처럼 고어로 읽을 필요는 없습니다. 고전 소설의 내용을 익히기 위한 것이기 때문에 현대어로 된 것을 읽으면 됩니다. 고어를 현대어로 번역해서 쓴 작품들이기 때문에 출판사별로 번역이 약간 차이가 있을 수 있습니다. 하지만 고전 소설을 읽는 목적은 내용을 보기 위한 것이기 때문에 번역의 차이는 따지지 않아도 됩니다.

『토끼전』을 살펴보겠습니다.

어떤 책에는 '토끼전', 어떤 책에는 '별주부전'으로 제목이 다릅니다. 결말도 여러 가지가 있습니다. 어떤 책은 토끼가 도망가기도 하고, 어떤 책은 자라가 자살합니다. 또 어떤 책은 자라가 죽으려고 하자 신령이 나타나서 약을 줘서 용왕이 살기도 하고, 자라가 토끼를 놓치고 용궁으로 돌아가 사실대로 말하고 용왕이 자신의 욕심을 뉘우치며 죽기도 합니다.

결말이 다르더라도 기본 줄거리는 같습니다. 용왕이 아픕니다. 토끼의 간을 먹어야 낫는다고 합니다. 누가 토끼를 데리러 갈 것인가 의논할 때 자라가 나섭니다. 자라가 토끼를 꾀어내어 용궁으로 데려옵니다. 하지만 토끼는 자신이 살기 위해 간을 빼놓고 왔다고 합니다. 그래서 다시 육지로 간을 가지러 갔다가 토끼가 도망갑니다.

이 기본적인 줄거리는 어떤 책이든 같습니다. 세세한 내용은 조금 달라도 됩니다. 이 기본 줄거리를 알기 위해서 고전 소설을 읽는 것입니다. 고전 소설은 초등학생 때 전래와 명작 작품을 읽으면서 접해보아서 친숙한 작품이 많을 것입니다. 물론 고등학생이 되면 고전 소설을 현대어가 아닌 고어로 만납니다. 그때 현대어로 된 소설의 줄거리를 알고 있으면 고전 소설의 내용을 이해하는 것이 어렵지 않습니다.

고등학교에서 고전 소설의 해석에 막혀서 다음 단계로 나가지 못하는 아이들이 많습니다. 고전 소설의 내용을 알고 있으면 고어로 쓰여 있어도 줄거리를 압니다. 그래서 줄거리에 맞춰서 작품을 해석할 수 있습니다. 그래서 작품의 의의나 가치 등 고전 소설로 익혀야 하는 핵심 내용에 대해 공부할 수 있습니다.

고등학생이 되어서 고전 소설을 읽기에는 시간이 많이 모자랍니다. 고등학생 때 새로 나오는 작품들을 다루기에도 시간이 부족합니다. 고전 소설을 늦어도 중학교 3학년 때는 읽어 놓아야 합니다. 현대 소설은 지금도 누군가 쓰고 있습니다. 작품이 끝이 없습니다. 하지만 고전 소설은 과거에 쓰였던 작품입니다.

게다가 오랜 시간 전해오며 많이 소실되어서 작품 수가 한정되어 있습니다. 그래서 현대 소설보다 고전 소설의 양이 훨씬 적습니다. 현대 소설은 읽고 공부해도 끝이 없게 느껴지지만 고전 소설은 범위가 정해져 있어서 읽기에 마음이 편합니다. 다만 작품 속의 정서가 현대의 정서가 아니다보니 그 내용을 공감하면서 읽기에는 조금 힘듭니다.

고전 소설도 플롯을 갖추고 있습니다. 그래서 재미있게 읽을 수 있습니다. 고어가 아니기 때문에 읽을 때 이해하기도 쉽습니다. 고전 소설은 현대 소설보다는 플롯이 단순한 편입니다. 현대 소설만큼 집중하지 않아도 내용을 쉽게 파악할 수 있습니다.

고전 소설을 다 읽었다면 고전 시가도 미리 읽어두기를 추천합니다. 고전 시가는 고전 소설처럼 쉽게 읽히지 않습니다. 해석이 필요하기 때문입니다. 현대어 해석과 함께 전반적으로 같이 읽어둔다면 고전 문학은 걱정할 필요 없습니다. 이때 읽었던 내용은 고등학교 국어 수업을 들을 때 제일 기억이 잘 날 겁니다.

고1 3월 모의고사 풀기

중학교 1학년 때는 중학 국어의 기초를 다져야 합니다. 중학생이 되면 초등학생 때와 다르게 공부할 양이 많이 늘어납니다. 어휘나 개념도 어려워집니다. 특히 주요 개념들이 한자어로 많이 바뀌어서 이해하기 힘들어합니다. 제일 좋은 것은 한자를 익히는 것이지만 쉽지는 않습니다.

국어 교과서에 나오는 개념들 하나하나를 푸는 과정이 필요합니다. 예를 들어 '주제'라는 개념이 나오면 主(주인 주), 題(제목 제)이기 때문에 글 속에서 '주'가 되는 '제목'이라는 뜻이라는 것을 알아야 합니다. 이렇게 국어 개념이 나올 때마다 제대로 정리해야 합니다.

다양한 소설책과 비문학책도 읽어야 합니다. 소설책을 통해서 등장인물의 심리를 파악하거나 작품 속의 갈등을 이해해야 합니다. 여러 영역의 비문학책을 골고루 읽어서 영역별 균형을 맞추어야 합니다. 그리고 책을 읽고 나면 독서 감상문을 쓰게 합니다.

국어 문법 개념도 잡아야 합니다. 중학교 1학년 때는 언어의 본질, 품사 등의 문법 내용을 다룹니다. 국어 문법의 기초가 되는 부분이니 잘 공부해두어야 합니다. 중학교 1학년 때 기초를 다져 놓아야 중학교 2학년이 되어서도 어려움을 느끼지 않습니다. 중학교 2학년 때는 중학 국어가 완성되어야 합니다. 1학년 때부터 개념 노트는 계속 이어서 씁니다. 이 개념 노트는 고등학교에 입학하기 전 중요한 자료가 됩니다.

중학교 2학년 때 한글 창제의 원리, 맞춤법, 표준 발음법, 담화 등의 중요한 국어 문법 개념이 쏟아집니다. 이 국어 문법 개념들을 제대로 정리해 둡니다. 중학교 3학년이 되면 중학 국어를 마무리하고 고등 국어를 준비합니다. 문학은 문학 작품을 다룬 문제집을 풀기 시작해야 합니다. 비문학의 경우 본문 내용의 요약과 정리가 능수능란해져야 하구요. 중학교 3년 동안 배웠던 문학 개념과 문법을 정리해야 합니다. 문학 개념과 문법은 고등 국어와 바로 연결됩니다.

이렇게 중학 국어가 마무리되었다면 고등학교 1학년 3월 모의고사를 풉니다. 고등학교 1학년 3월 모의고사의 시험 범위는 중학교 전체 범위입니다. 아직 고등학교 내용을 배운 것이 없기 때문입니다. **이 모의고사는 중학 국어를 제대로 공부했는지 확인하기 위한 훌륭한 객관적 자료입니다. 문제를 풀어보면 자신이 어느 부분이 제대로 공부가 되지 않았는지 쉽게 확인할 수 있습니다.** 부족한 영역의 공부를 채우면 됩니다.

고1 3월 모의고사는 EBSi에서 기출문제를 쉽게 다운받을 수 있습니다. 연도별로 있으니 최신 것부터 풀어보면 됩니다. 수능의 국어 영역 문제도 좋지만 이 시험은 시험범위가 고등 국어입니다. 아직 고등 국어를 공부하지 않은 아이가 치기에는 어렵습니다. 수능으로 중학 국어를 어느 정도 공부했는지 확인하기도 힘듭니다. 고1 3월 모의고사의 경우는 시험 범위 자체가 중학교 범위이기 때문에 중학 국어 판별 정도로 사용하기 좋습니다.

고1 3월 모의고사 성적이 결국 대입까지 갑니다. 고등학교 선생님들은 중학교 성적을 크게 의미 있게 보지 않습니다. '중학교 내신 성적 산출 방법'에서 이야기했듯이 **학교별로 20% 가량의 아이가 A를 받기 때문입니다. 20%면 고등학교 등급으로 3등급 정도입니다.**

그래서 중학교 성적은 고등학교 성적의 변별 요인이 되지 못합니다. 이 첫 3월 모의고사가 처음으로 고등학교 스타일로 치는 시험입니다. 중학교 때와 수업의 양도, 시험 내용도 완전히 달라집니다.

이 모의고사를 쳐보는 것만으로도 고등학교 때 어떻게 공부해야 할지 방향잡기 한결 수월할 것입니다. 기출문제로 중학교 국어 실력을 확인도 하고 고등학교 국어 공부의 방향도 잡아보세요.

문학 개념 잡기와
문법 문제집은 필수

중학교 3학년이 되면 문학과 문법의 개념을 제대로 잡아야 합니다. 문학 작품을 읽을 때는 문학 개념을 이해하는 것이 중요합니다. 문학의 기본 개념을 이해해야 문학 작품의 감상이 가능합니다. 그래서 문학 작품을 공부하기 전에 기본 개념부터 잡아야 합니다. 기본 개념을 잡을 때는 현대 문학을 중심으로 문학 개념을 잡습니다. 현대 문학에서 나오는 개념을 바탕으로 고전 문학도 살펴봅니다.

고등 국어에서는 문법도 중요합니다. 고등 국어의 문법은 중학 국어의 문법과 연결됩니다. 그래서 중학 국어를 제대로 정리해 두어야 고등 국어도 수월하게 공부할 수 있습니다. 문법은 처음에 공부하기가 좀 까다로운 영역입니다. 하지만 한 번 제대로 익히면 잘 틀리지 않는 영역이기도 합니다. 정답인 이유가 명확한 근거가 있고 규칙을 갖고 있기 때문에 문제가 깔끔합니다. 문법은 기본 뼈대만 잡아 놓으면 공부할 때 어렵지 않습니다. 대신 조금이라도 모르면 전혀 손을 댈 수 없는 영역이기도 합니다.

문학 개념이나 문법 영역은 중학교 국어를 공부할 때 정리했을 것입니다. 개념 노트는 영역별로 되어 있어야 한눈에 살펴볼 수 있습니다. 하지만 문학 개념과 문법 영역은 이렇게 공부하는 것만으로는 조금 부족합니다. 중학교 3년간 배우면서 뿔뿔이 흩어져 있던 개념과 체계를 체계화시키고 정리할 필요가 있습니다. 그런데 이 내용들을 혼자서 공부하기에는 양이 방대하고 체계를 잡기 힘듭니다. 인강이나 국어 학원의 강의 등을 활용하는 것이 좋습니다. 강의를 통해 전체적인 정리를 보면서 머릿속에 체계화시킬 수 있습니다.

문법도 기본적인 용어를 알고 간단하게 정리가 되어 있어야 합니다. 그래야 강의를 들어도 이해할 수 있습니다. 중학교 3학년 겨울 방학 즈음을 추천합니다. 암기가 필요한 영역입니다. 너무 일찍 공부해 놓으면 잊어버릴 수 있습니다.

주의해야 할 점이 있습니다. 문학 개념이나 문법 영역의 강의는

이 영역을 처음으로 공부를 시작하기 위해서 강의를 듣는 것이 아닙니다. 중학교 때 이미 수업시간에 배워서 알고 있었던 문학 개념과 문법 지식을 정리하기 위해 강의를 듣는 것입니다. 중학교 때 국어 공부를 하지 않아서 개념들을 잘 모르면 다시 중학교 국어 교과서를 봐야 합니다. 그것이 힘들면 중학교 문학 문제집이나 문법 문제집을 통해 기본 개념을 다시 공부해야 합니다.

문학은 개념 정리가 되고 나면 문학 문제집을 풉니다. 문학 문제집에 나오는 다양한 작품들을 접합니다. 그 작품들을 배웠던 문학 개념을 이용해서 해석하고 문제를 풉니다. 그리고 작품을 분석합니다. 작품의 갈래별 특징부터 작품에 대해서 꼼꼼하게 공부하면서 다집니다.

문학 문제집을 푸는 이유는 문학 개념을 적용해서 해석하는 방법을 익히고, 문학의 갈래별 특징과 작품 개개의 특징을 공부하기 위한 것입니다. 문학 문제집을 풀 때는 작품 하나하나를 꼭 분석해보아야 합니다.

문법도 개념 정리가 되고 나면 문제집을 풉니다. 문제집이 너무 두꺼울 필요는 없습니다. 이미 문법 정리가 되었기 때문에 설명이 자세하게 나온 것보다 문제가 많은 것이 좋습니다.

상위 1%도 어려워하는
고등 국어

국어 과외비가 비싼 이유

고등학생이 되면 학기당 2번씩 지필고사를 치르게 됩니다. 학교마다 약간 차이가 있겠지만 3월, 6월, 9월, 11월에 모의고사가 있습니다. 시험을 칠 때마다 아이들과 학부모들은 충격을 받습니다. 고등학생이 되면 국어 성적이 중요하다고 하니 마음이 급해질 수밖에 없습니다. 그런데 국어 공부를 해도 성적이 오르지 않습니다. 국어 공부 방법도 모릅니다. 그래서 고등학생이 되면 국어 과외를 찾는 아이들이 많습니다.

그런데 생각보다 국어 과외 선생님을 찾기 힘듭니다. 선생님을 찾아도 과외비가 많이 비쌉니다. 왜 그럴까요?

어려서부터 국어를 꾸준히 공부를 하는 아이가 드뭅니다. 초등학교와 중학교에서 다루는 국어의 내용이 어렵지 않습니다. 외우기만 해도 성적이 어느 정도 나옵니다. 그래서 많은 초등학생과 중학생들이 국어를 따로 공부하지 않습니다.

독서는 중요하다고 하니 독서논술학원을 다니는 아이들이 더 많습니다. 그래서 국어를 전공하는 선생님이 별로 없습니다. 고등학생이 되어서 국어 선생님을 찾는 것은 진짜 다급할 때입니다.

성적을 올리기 위해 족집게 수업을 해야 합니다. 하지만 고등 국어의 영역은 만만치 않습니다. 수학이나 영어와 달리 기초가 전혀 없는 경우도 많습니다. 문학과 비문학, 문법까지 기초부터 다 다루면서 공부해야 합니다. 시간이 오래 걸릴 수밖에 없습니다.

현대 소설과 현대 시 전 작품, 고전 소설과 고전 시가 전 작품, 인문, 사회, 과학, 기술, 예술 등의 비문학 영역을 다 다뤄야 합니다. 작품의 양이 방대합니다. 이 내용들을 정리해서 수업을 해야 합니다. 국어를 조금 공부해서는 제대로 가르칠 수 없습니다.

사실 국어 성적을 잘 받기 위한 가장 좋은 방법은 어릴 때부터 다양하고 폭넓은 읽기 경험을 쌓는 것입니다. 읽기 능력은 단번에 길러지지 않습니다. 꾸준히 연습해야 합니다. 처음에는 읽기 능력이 조금 차이가 나지만 시간이 지날수록 점점 그 차이가 커집니다. 대입에 임박해서 뒤늦게 국어 공부에 집중한들 이미 벌어진 읽기 능력의 차이를 좁히기 힘듭니다. 독서를 많이 한 아이들은 국어 성적이 잘 나오고, 독서를 하지 않은 아이들은 국어 공부를 열심히 해도 국어 성적이 상승하지 않는 이유입니다.

특히 대입에서 영어가 절대평가가 되면서 국어의 비중이 더욱 커졌습니다. 그런데 초등학생, 중학생 때 국어는 여전히 수학과 영어에 비해 순위가 밀립니다. 수학과 영어는 당장 잘하고 못하는 것이 눈에 보입니다. 그래서 아이도, 부모님도 수학과 영어 공부를 더 급하게 느낍니다.

초등학생 때부터 독서를 하지 않은 아이들은 읽기 능력이 서서히 떨어집니다. 하지만 우리 생활 자체가 국어이기 때문에 읽기 능력의 하락이 당장 눈에 보이지 않습니다. 하지만 **국어 교과의 내용은 학년이 올라갈수록 어려워집니다. 이 격차로 인해 고등학생 때 수많은 '국포자'가 양산됩니다.**

아이들이 국어 선생님에게 제일 많이 하는 이야기가 "국어는 공부해도 성적이 안 나오고, 안 해도 성적이 안 떨어져요!" 입니다. 국어 공부를 안 한다고 당장 국어 성적이 낮게 나오지는 않습니다. 하지만 인지하지 못하는 사이 국어 성적은 서서히 떨어집니다. 많은 아이들이 중학교까지는 성적이 어느 정도 나오다가 고차원의 읽기 능력이 필요한 고등학교에 가서 성적이 확 떨어지는 경우가 많습니다.

국어 성적 하락은 단순히 국어 문제집을 풀거나 국어 학원을 다닌다고 해서 해결되지 않습니다. 원인은 대부분 독서의 내공 차이입니다. 심지어 과학고등학교에 진학한 학생들도 수학, 과학 중심의 공부를 주로 하다 보니 의외로 국어에서 고전을 면치 못하는 경우도 있습니다.

독서를 많이 하는 아이는 국어 공부에서도 큰 효과를 봅니다. 독서는 국어 공부에 날개를 달아줄 것입니다.

고등 국어의 범위

중학 국어와 고등 국어는 학습 범위에서 큰 차이를 보입니다. 중학 국어는 국어 교과서 내의 정해진 범위에 있는 내용만 학습하면 됩니다. 교과서 위주로 시험 1~2주 전부터 시험 준비를 해도 고득점을 받을 수 있습니다.

시험 문제를 봐도 교과서 안에 시험 문제의 유형이 다 나와 있습니다. 문제는 단순하게 암기 위주로 냅니다. 절대평가이기 때문에 시험문제에 소수점 배점을 하지 않습니다. 결국 중학 국어는 성실하게 암기하면 고득점을 받을 수 있습니다.

하지만 고등 국어는 그렇지 않습니다. 고등 국어는 분명 국어 교과서에 정해진 범위가 있습니다. 그러나 그것만 공부해서는 안 됩니다. 공부를 할 때는 내신과 수능을 모두 염두에 두고 공부를 해야 합니다.

교과서의 내용은 기본적으로 공부해야 합니다. 내신 시험이라 해도 교과서 외의 지문이나 작품이 출제됩니다. 물론 수업시간에 배웠던 개념을 활용해야 하는 문제들이기 때문에 시험범위가 아니라고 말할 수 없습니다.

그뿐만이 아닙니다. 수능 형식으로 문제를 출제합니다. 자료를 보고 문제를 해석해내야 합니다. 단순히 암기만 해서는 문제를 풀 수 없습니다. 상대평가이기 때문에 시험문제의 난이도에 따라 소수점 배점을 합니다. 소수점 0.1점으로도 등급이 결정될 수 있습니다. 옆 친구가 한 문제 틀렸고 나도 한 문제를 틀렸지만 그 친구가 3.8점짜리를 틀렸고, 나는 3.9점짜리를 틀렸다면 그 아이는 1등급이고 나는 2등급이 될 수 있는 것입니다.

고등 국어는 평소에 꾸준하게 공부하지 않으면 결코 고득점을 받을 수 없습니다.

고등 국어에서 공부해야 하는 범위를 살펴보겠습니다.

국어 교육과정에서 다뤘던 다섯 하위 영역이 기억나시나요? 고등 국어 역시 이 다섯 하위 영역의 내용을 다룹니다. 듣기·말하기 영역은 화법, 읽기 영역은 독서, 쓰기 영역은 작문, 문법 영역은 매체관련 내용을 추가해서 언어와 매체, 문학 영역은 문학이라는 이름으로 고등 국어에서 다룹니다. 듣기·말하기 영역과 쓰기 영역을 묶어서 '화법과 작문'이라는 과목으로 다루기 때문에 실질적으로는 4가지 영역을 다룬다고 보면 됩니다.

화법과 작문은 평소 우리가 듣고 말하고 쓰는 실제적인 활동입니다. 중학 국어에서 단순한 토의 토론이나 설명문, 논설문을 살펴보았습니다. 고등 국어에서는 언어예절, 논증구성, 의사소통과정, 쓰기 과정의 점검 등의 한 단계 높은 내용을 공부합니다.

독서는 비문학이라고도 불립니다. 초등학생 때부터 지식책을 읽고, 비문학 영역의 책을 읽는 이유가 독서 과목을 대비하기 위함입니다. 인문·예술, 사회·문화, 과학·기술 분야의 글을 읽고 독서 기술을 사용해서 읽습니다. 이때 독해 기술이 사용됩니다. 독서도 중요하지만 독해가 더 중요한 영역입니다. 중학 국어에서는 교과서에 나오는 설명문이나 논설문을 읽고 설명 방법이나 논증 방법을 파악하는 공부를 했습니다.

고등 국어에서는 처음 보는 생소하고 다양한 범위의 비문학 지문을 접합니다. 이 지문을 읽기 위해 독해력이 필요합니다. 제시되지 않은 부분을 추론하거나 보기와 비교해서 사고해야 하는 문제가 출제되기도 합니다. 결국 비문학 영역을 제대로 공부하기 위해서 독해력, 논리적 사고력, 문제해결력 등을 키워야 합니다.

그런데 이런 능력은 단기간에 쌓을 수 있는 능력이 아닙니다. 꾸준히 독서하면서 독해력과 이해력을 키우고, 다양한 문제 유형을 익혀 문제해결력 등을 키워야 합니다. 독서와 국어 공부가 연계되어야 합니다. 고등학생이 되어도 꾸준히 다양한 영역의 비문학 책을 읽어야 하는 이유입니다.

문법은 '언어와 매체'라는 이름으로 다루면서 매체 관련 내용까지 범위가 확대됩니다. 중학 국어에서 문법은 교과서에 수록된 문법 내용을 중심으로 단순히 암기하면서 해결했다면 고등 국어에서는 범위가 확대됩니다. 원리 중심으로 이해하며 문법 개념을 암기해야 합니다.

중학교 때 배웠던 내용이 바탕이 되기 때문에 중학 문법부터 차근차근 공부하면 어렵지 않습니다. 문법 개념이 어떻게 실제 언어에서 적용되는지를 공부해야 합니다.

문학 영역은 고등 국어에서 가장 광범위합니다. 우리가 초등학생 때 그림책, 이야기책을 읽고 중학생 때 한국 단편 소설, 고전 소설을 읽었던 이유가 문학 과목을 대비하기 위함입니다.

고등학생이 되어서 이 방대한 내용을 다 읽을 시간이 없습니다. 꾸준히 책을 읽어야 문학 과목을 공부하기 위한 대부분의 작품을 읽을 수 있습니다. 그래서 초등학생 때부터 전략적으로 독서 로드맵을 짜야 합니다.

문학 개념을 중심으로 작품을 해석하는 연습도 해야 합니다. 교과서에 수록되거나 모의고사에 자주 나오는 작품들도 반드시 공부해야 합니다. 작품들을 공부한다는 것은 작품을 외우라는 것이 아닙니다. 낯선 작품이 출제되더라도 지금까지 공부한 작품을 바탕으로 다른 작품들을 이해할 수 있도록 공부하라는 것입니다.

고등학교 내신 성적 산출 방법

'중학교 내신 성적 산출 방법'에서 이야기한 것처럼 등급이 같다 하더라도 아이들의 실력은 천차만별입니다. 그런 아이들을 다시 섞은 것이 고등학교입니다. 중학교 때 받았던 A등급이 의미가 없다는 뜻입니다.

공부를 잘하던 아이들이 많은 중학교에서 B등급을 받은 아이가 공부를 못 하던 아이들이 많은 중학교에서 A등급을 받은 아이보다 공부를 더 잘 할 수도 있고, 못할 수도 있습니다. 중학교 때의 성적이 그대로 유지되지 않습니다.

중학교는 절대평가라서 학생 수와 상관없이 90점 이상 받으면 A등급이었습니다. 하지만 고등학교에서는 내신 성적을 산출할 때 그리 호락호락하지 않습니다. 상대평가이기 때문에 내신 성적을 산출하는 과정이 훨씬 살벌합니다.

고등학교의 내신 성적 산출 방법은 중학교만큼 단순하지 않습니다.

고등학교의 내신 성적 산출은 상대평가이기 때문에 90점 이상을 받은 모든 아이들에게 똑같은 1등급을 주지 않습니다. 같은 교과 수업을 들은 아이들을 성적순으로 한 줄로 세웁니다.

그 교과 수업을 들은 학생의 4%에 해당하는 학생까지 1등급을 줍니다. 그 뒤부터 7%에 해당하는 학생까지는 2등급을 줍니다. 이렇게 등급이 점차 12%, 17%의 비율에 해당하는 학생들에게 3등급, 4등급을 주면서 등급을 정합니다.

만일 100명의 아이가 국어 수업을 듣는다면 4명이 국어 교과에서 1등급이 됩니다. 50명이라면 2명이 1등급이 되겠지요. 수업을 듣는 아이가 100명이라면 2등급은 7명, 3등급은 12명입니다. 전교 23등까지가 3등급입니다.

중학교의 A등급은 대략 20% 내외입니다. 20%는 3등급 정도밖에 되지 않습니다. **결국, 중학교 때 A등급을 받던 아이들 대부분은 2~4**

등급을 받는다는 의미입니다. 중학교 때 우수한 성적을 받았던 아이들이 우루루 무너지는 것입니다.

1등급을 받는 학생의 수도 생각해봐야 합니다. 숫자가 같다면 분모가 커야 분자도 커집니다. 수업을 듣는 학생이 많은 교과가 1등급을 받을 수 있는 숫자가 더 많아집니다. 만일 수업을 듣는 학생 수의 4%가 넘는 숫자의 학생이 똑같은 최고점을 받았다면 어떻게 될까요? 그 과목에서는 모두 2등급을 받게 되어 1등급을 받는 학생은 없을 수 있겠지요?

물론 학교에서도 이런 상황이 발생하지 않도록 시험 문제를 꼼꼼히 내고 소수점 단위로 채점을 하는 등 각종 대비를 합니다. 그래도 이런 상황이 생겼을 때를 대비하기 위해 계산식을 따로 만들어서 등급을 꼭 나누도록 하니 걱정하지 않아도 됩니다.

4%가 넘는 아이가 100점을 받거나 똑같은 최고점을 받는다면 공부를 열심히 한 아이들이 등급에서 손해를 볼 수 있습니다. 그래서 선생님들은 아이들을 위해서 쉬운 문제를 낼 수 없습니다. 국어 교과의 경우 단위 수가 높기 때문에 등급에 더욱 예민합니다. 단위수가 높을수록 내신 성적에서 영향이 크기 때문입니다. 결국 고등학교에서 시험 문제는 절대 쉽게 나올 수 없습니다.

중학생 때 눈으로 대충 공부하던 습관을 가진 아이들은 고등학생이 되어서도 그 습관을 고치기 힘듭니다. 고등학교에서는 시험 범위도 많아지고, 내용도 어려워지는데 대충 공부하던 습관으로는 그야말로 망할 수 있습니다.

수업시간에 수업하는 내용을 제대로 듣지 않고 자습서나 참고서만 보고 공부하던 아이들도 마찬가지입니다. 중학생 때는 절대평가이기 때문에 수업을 어느 정도 이해하면 충분히 시험을 칠 수 있게 출제합니다. 하지만 고등학생이 되면 시험문제에서 변별력을 내야 합니다. 수업시간에 다루는 내용 하나하나가 변별력이 될 수 있습니다.

저는 중학교에서 근무하면서 시험 문제를 낼 때마다 어떻게 하면 시험 문제를 쉽게 낼까 고민합니다. 서술형 문제가 많아질수록 아이들이 어떻게 하면 이 문제의 답을 쓸 수 있을까, 내가 문제에서 어떻게 발문을 해야 아이들이 쉽게 이해하고 출제한 의도에 맞는 답을 쓸 수 있을까를 고민하면서 문제를 냅니다.

하지만 고등학교에서 근무했을 때는 그렇지 않았습니다. 어떻게 하면 이 문제를 수업시간에 수업한 내용을 응용해서 다른 작품과 연결해서 낼까를 고민했습니다. 아이들이 이미 수업시간의 내용을 이해했을 테니 아이들의 생각을 어떻게 하면 이끌어낼 수 있을까를 고민하면서 문제를 냈습니다. 고민 자체가 아예 다릅니다.

예를 들어 시조의 어조에 대해서 배웠다면 그 시조에 대해서 설명했으니 수업시간에 다루지 않은 다른 시조 다섯 개를 가지고 옵니다. 그 시조들 중에서 배웠던 시조와 어조가 같은 작품을 찾으라고 문제를 내는 것입니다. 중학교처럼 대충 눈으로 공부하거나 참고서만 보던 아이들은 당연히 이런 완전히 바뀐 유형에 적응하지 못하고 멘붕이 옵니다.

수능에서 국어 영역의 중요성

국어 교사라서가 아니라 수능 시험을 칠 때, 가장 중요하다고 생각하는 영역이 국어 영역입니다. 수능에서 제일 처음 치르는 과목이기 때문입니다. 국어 영역을 잘 치는지 못 치는지에 따라 그날 하루 시험 컨디션이 결정되고 그에 따라 수능 성적 결과가 달라질 수 있습니다.

대입을 준비하는 수험생들은 1년 동안 쉬지 않고 수능 준비를 하느라 대부분 몸과 마음이 많이 약해져 있는 상태입니다. 따라서 1교시인 국어 영역에서 시험을 못 치거나 실수를 해도 스스로를 다독이고 다시 새로 출발하기 쉽지 않습니다. 망했다는 생각에 정신력이 흔들리면 결국 자신의 마음을 다스리지 못하고 다음 시험까지 영향을 많이 받습니다.

수능이 도입된 초반에는 국어 영역을 어렵게 출제하다가 국어 영역을 치르고 나서 좌절하여 극단적인 선택을 하는 학생들이 다수 생기면서 쉽게 출제하는 것으로 경향이 바뀌기도 했습니다.

지금은 수능에서 모든 과목을 다 치르지 않고, 자신이 원하는 과목만 선택해서 시험을 치를 수 있습니다. 그래서 국어 영역을 선택하지 않는다면 국어 영역을 제일 처음으로 치르지 않을 수도 있습니다.

하지만 수능 시간표는 바뀌지 않았습니다. 1교시 국어 영역, 2교시 수학 영역, 3교시 영어 영역, 4교시 탐구 영역, 5교시 외국어나 한문 영역으로 시간표가 정해져 있습니다. 모든 수험생은 동일한 시간에 고사장에 입실해야 하고 중간 입실은 절대 불가합니다.

그 시간의 과목을 선택하지 않았다면 대기실에서 조용히 다른 과목을 공부합니다. 하지만 대부분의 수험생은 모의고사를 치르면서 최대한 수능과 유사하게 조건을 맞추면서 공부했을 것입니다.

따라서 수험생들은 대부분 평소에 공부하던 컨디션을 유지하기 위해 1교시인 국어 영역을 선택합니다. 그 때문인지 지금까지 수능 감독을 가서 국어 영역을 치르지 않는 고사실을 본 적이 없습니다.

수능 날 컨디션을 좋게 하고 최선을 다하기 위해서는 시작 과목인 국어 영역을 잘 봐야 합니다.

국어가 중요한 또 다른 이유가 있습니다.

2018년부터 수능 영어 영역이 절대평가로 바뀌었습니다. 그동안 수능에서 변별력을 결정하는 중요한 요인은 영어와 수학 영역이었습니다. 그런데 영어가 절대평가 체제가 되면서 수능의 변별력의 한 축이 약해졌습니다. 변별력을 제대로 갖추기 위해 수능 시험에서 다른 영역의 보완이 필요합니다. 그런데 수학 영역을 어렵게 내자니 안 그래도 극심한 사교육 영역에 불을 부을 수 있습니다. 지금도 수포자가 넘쳐나는데 이러한 현상을 부채질한다는 비난을 피할 수 없을 것입니다. 국어는 우리말입니다. 국어 영역에서 다루는 범위는 사교육만으로 힘듭니다. 그래서 수학에 비해 사교육 논란에서 자유로울 수 있습니다.

수학을 잘하는 아이들도 마찬가지입니다. 이 아이들은 이미 수학을 다 잘합니다. 그래서 수학 영역에서 크게 변별이 되지 않습니다. 영어는 절대평가입니다. 수학을 잘하는 아이들은 대부분 영어도 잘합니다. 결국 국어 성적이 대입을 위한 중요한 열쇠가 되었습니다. 하지만 수능에서 국어 영역을 정복하는 것은 쉽지 않습니다. 해마다 수능 전문가들은 쉬운 편이라고 분석해도 정작 시험을 치르는 수험생들은 여전히 국어를 어려워합니다.

최근 수능 국어 영역은 지문이 촘촘하고 주제나 텍스트의 수준도 높은 편입니다. 단순하게 지문을 읽고 해석하는 능력보다 정확하게 해석하고 적용할 수 있는 이해력, 추론력, 독해력 등의 읽기 능력을

요구합니다.

국어 영역을 공부하며 문제를 풀 때 독해 스킬을 사용하면 빠르게 풀 수 있습니다. 하지만 모든 국어 문제를 독해 스킬을 사용해서 풀 수 있는 것은 아닙니다. 독해 스킬은 중위권에서 상위권으로 올라갈 수 있는 계단이 될 수 있습니다. 상위권에서 최상위권으로 가기 위한 계단으로는 약합니다. 최상위권이 되기 위해서는 제시된 지문을 완전히 읽고 이해할 수 있어야 합니다. 기본 개념을 완전히 익히고 읽기 능력이 제일 중요합니다.

전략적 독서로 얻은 읽기 능력을 바탕으로 국어 영역별로 공부를 꼼꼼하게 해야 수능에서 국어 영역의 성적을 잘 받을 수 있습니다. 국어가 대학을 결정합니다.

수능 국어 영역 엿보기

국어 영역을 잘 치기 위해서는 어떻게 해야 할까요?

인터넷 검색창에 '수능 국어 기출문제'를 입력하면 지금까지 수능 국어 기출문제를 살펴볼 수 있습니다.

우선 가장 눈에 띄는 것은 시험지의 페이지 수입니다. 국어 영역

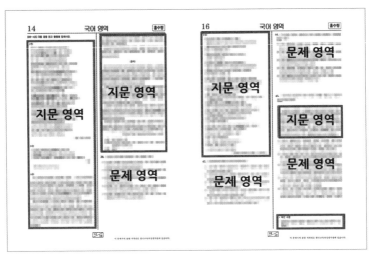

출처 : 2021학년도 한국교육과정평가원 대학수학능력시험 기출문제

시험지의 페이지 수는 16페이지에 45문항이고, 수학은 12페이지에 30문항, 영어는 8페이지에 45문항입니다. 국어 영역이 다른 영역보다 페이지 수도, 문제 수도 많은 편입니다.

한 페이지만 보더라도 지문의 길이가 큰 종이의 한 페이지를 다 차지하거나 2/3페이지 정도를 차지합니다. 이렇게 긴 지문과 관련 문제를 80분 안에 다 풀고, 답안지에 마킹까지 해야 합니다.

단순하게 문제의 수만 계산하겠습니다. 한 문제에 1분 46초 이내에 풀어야 합니다. 지문을 읽는 시간과 답안지 마킹 시간은 포함되지 않았습니다. 얼마나 짧은 시간에 지문을 읽고 문제를 풀어야 하는지 계산이 될 것입니다.

보통 지문 하나에 딸린 문제가 6개 문항이니 지문을 읽고 문제를 10분 이내로 완벽하게 풀어야 합니다. 이 문제들을 풀기 위해서는 지문과 문제를 제대로 '읽어서' 풀어야 합니다.

정해진 시간에 긴 지문과 문제를 읽고 분석해서 정답을 찾기 위해서는 독해력, 어휘력, 문제 해결력 등이 필요합니다. 이 읽기 능력을 키우기 위해 가장 좋은 방법은 독서가 바탕이 된 독해 연습입니다. 단순한 짧은 글을 읽는 것으로 독해력을 키우기는 힘듭니다. 짧은 글 속에는 다 담을 수 없는 긴 글만의 힘이 있습니다.

평소 긴 글을 읽으며 문장의 흐름을 읽어야 합니다. 책의 내용을 이해하기 위해 앞의 내용과 연결하며 책을 읽어야 합니다. 독해력을 키우기 위해서는 한 권 이상의 길이인 책을 읽으며 긴 문장을 읽는 연습을 하는 것이 제일 좋습니다.

다양한 책을 읽으면서 여러 글 속에 있는 다양한 어휘를 직접 접하고, 문맥을 통해 어휘의 뜻을 파악하며 어휘력도 키울 수 있습니다.

6부

SKY에 입학한 제자들,
진짜 국어 공부를 말하다

SKY에 입학한 제자들. 그 아이들에게는 뭔가 특별한 것이 더 있습니다. 아이들마다 조금씩 다르기는 하지만 다들 저마다의 국어 공부법 비결이 있었습니다. 누군가가 가르쳐준 것도 아니고 시킨 것도 아닙니다. 그럼에도 스스로 공부하는 과정에서 자신만의 국어 공부 방법을 터득한 것입니다. 이 아이들은 어떻게 해서 이렇게 국어 공부를 잘하게 된 것일까요? 지금부터 제자들의 특별한 국어 공부법을 만나보겠습니다.

1

엄마가 매주 선정해 주신 책 덕분에
비문학 영역 문제 풀기가 쉬웠어요!

| S대 대학생 지은이 |

지은이는 우리나라 최고 대학인 S대에 입학한 학생입니다.

지은이의 책상 위 양쪽에는 항상 그날의 수업시간표에 맞춰서 교과서가 쌓여 있었습니다. 해당 수업시간의 교과서를 바로 펼쳐 놓고 수업을 듣기 위한 것이었습니다. 그것을 보니 아무래도 사물함까지 가는 시간을 줄이기 위한 것이 아닐까 하는 생각이 들었습니다.

지은이는 중학교 때부터 쭉 전교 1등을 했다고 합니다. 다른 아이들은 지은이를 이야기할 때마다 진짜 대단하다는 말을 꼭 붙였습니다. 자기들은 지은이처럼 하기 힘들다는 말과 함께.

다른 아이들도 지은이의 공부법을 따라 해 보려고 했습니다. 아이들이 보기에 지은이의 공부 방법은 책상 위에 책을 쌓아놓는 것이었나 봅니다. 다른 아이들도 지은이처럼 한다면서 책상 위에 책을 쌓아놓고 공부했습니다.

사실 그것 말고는 다른 아이들과 비슷했습니다. 수업시간에 수업을 듣고 필기하는 일반적인 학생이었기 때문입니다. 물론 교사의 입장에서 봤을 때 수업시간의 태도가 다른 아이들과 똑같지는 않습니다. 지은이는 수업시간에 미동도 하지 않고 선생님의 수업을 듣습니다. 눈빛만으로도 얼마나 집중했는지 알 수 있을 정도였습니다.

하지만 공부법의 핵심은 따로 있었습니다.

시간이 날 때마다 지은이는 다른 누구도 보지 않을 것 같은, 제목도 재미없어 보이는 두꺼운 책을 읽고 있었습니다. 제목은 볼 때마다 달라서 정확히 기억나지는 않지만 주로 비문학 책들로 철학, 공학, 인문학 등 다양한 분야의 책들이었습니다. 그 책들을 읽고 생활기록부의 독서기록을 쓰는 것도 아니었습니다. 대부분 성인도 잘 읽지 않는 책들이었습니다. 서점에 가면 저 구석에 있을 것 같은 책들. 그런 어려운 책들을 읽는 이유가 궁금했습니다.

지은이가 아무리 차분한 성격이라고 하지만 고등학생이 그런 책을 읽는 것은 쉬운 일이 아니기 때문입니다.

지은이의 대답은 놀라웠습니다. 자기도 읽기 싫지만 엄마가 매주 책을 선정해 주신다는 것입니다. 그리고 매번 엄마가 그 책을 읽었는지 체크한다고 했습니다. 한참 사춘기로 몸살을 앓는 고등학생이 엄마가 시키는 대로 하는 것도 놀랍고, 그 책을 읽어내는 것도 신기했습니다.

그러한 방식의 독서 이유가 궁금했습니다.

수능에서 비문학 지문은 이런 다양한 비문학 책의 일부분을 발췌합니다. 그래서 폭넓은 영역의 비문학 책을 읽음으로써 배경지식을 넓히고, 다양한 용어에 익숙해지게 하는 것이 목적이라는 것입니다. 시험에는 글의 전문이 나오지 않습니다. 글 전체 내용의 흐름을 알고 글을 읽는 것과 모르고 글을 읽는 것은 차이가 큽니다. 수능에 어떤 지문이 나올지 모르니 수능에 나올만한 비문학 영역을 미리 읽어서 글의 전체 흐름을 알기 위한 거라고, 이미 중학교 때부터 한 주에 한 권씩 그런 책들을 읽고 있었다고 했습니다.

얼굴도 뵙지 못한 어머니의 혜안에 감탄했습니다.

그때는 지금만큼 비문학 문제집이 발달하지 않은 시기였습니다. 하지만 그런 방식은 그전에도 그 이후로도 들어 보지 못한 신선한 공부 방법이었습니다. 비문학 책을 서점에서 매주 고르는 어머니도 대단하고 그걸 따라오는 지은이도 정말 대단하다는 생각이 들었습니다.

이후, 다른 학생들에게 지은이의 공부 방법과 비슷하게 여러 가지로 시도해보려고 했지만 결코 쉽지 않았습니다.

지은이와 어머니의 노력은 결국 S대학교 입학으로 빛을 발했습니다.

2

대입 스트레스를
재미있는 소설로 해소했죠!

| S대 대학생 가은이 |

가은이는 온 집안이 우리나라 최고 대학인 S대 출신입니다. 사촌들도 모두 S대라는 말을 듣고 적잖이 놀라기도 했죠. 하지만 가은이가 탁월한 유전자만으로 S대를 들어간 것만은 아닙니다. 가은이는 고등학교 생활 3년 간 학교생활을 누구보다도 성실하게 한 아이입니다. 심지어 야간자율학습도 빠짐없이 3년간 꾸준히 했습니다.

그 당시 제가 근무하던 지역은 야간자율학습이 의무였습니다. 예체능 학원을 다니는 아이들만 학원 시간 때문에 야간자율학습을 빠질 수 있었습니다.

그런데 고등학교 2학년이 되자 아이들이 다양한 핑계를 대고 야간자율학습 시간에 빠지기 시작했습니다. 배가 아프다, 머리가 아프다 하며 부모님께 허락을 받고 야간자율학습 시간에 빠졌습니다.

보통 고등학교 2학년 정도가 되면 폭풍 같던 사춘기가 지나고 대부분의 부모님이 아이에게 집니다. 아이들은 미리 엄마에게 야간자율학습 시간에 빠질 테니 선생님한테 전화가 오면 이야기 잘 하라고 협박(?)합니다. 그 뒤 선생님에게 와서 야간자율학습 시간에 빠지겠다고 이야기합니다.

선생님은 부모님의 허락이 있어야 하기 때문에 엄마에게 전화합니다. 엄마는 이미 '협박'을 받아서 야간자율학습을 빼달라고 합니다.

이것이 반복되다보니 2학년 말 즈음이 되자 야간자율학습을 빠지는 아이가 속출했습니다.

게다가 아이들 사이에 학교에서 공부하는 것보다 독서실에서 공부하는 것이 더 잘된다는 소문이 나기 시작했습니다. 아이들은 하나둘 엄마에게 허락을 받고 독서실로 빠지기 시작했습니다.

가은이도 독서실이 너무나 가고 싶었나 봅니다.

어느 날 담임선생님에게 와서 자기도 독서실이 너무 가고 싶다고 야간자율학습을 빠지겠다고 했습니다. 공부를 좀 한다 하는 아이들은 이미 다 독서실로 빠졌습니다. 야간자율학습 시간에 공부를 열심

히 하지 않는 아이들이 교실에 남아서 시끄러웠습니다. 담임선생님
도 가은이가 안쓰러워서 독서실에 가서 공부하라고 했습니다.

다음 날 가은이 엄마에게서 전화가 왔습니다.

"선생님, 안녕하세요? 가은이 엄마에요. 우리 가은이가 야간자율
학습을 빠지고 독서실에 간다고 했다면서요? 어제 저한테 따끔하게
혼났습니다. 오늘부터 다시 교실에서 공부할 거예요."

가은이 어깨가 축 처졌습니다.

"선생님. 엄마가 독서실 절대 안 된대요. 학교에서 공부해야 한대
요. 쓸데없는 소리 하지 말고 학교에서 공부하래요. 학교 선생님 말
씀 잘 듣고 학교 공부 열심히 하래요."

결국 가은이는 고등학교 3학년이 될 때까지 독서실은 가지 못했
습니다.

그 대신 학교에서 하는 수업을 누구보다 열심히 듣고 공부했습니
다. 밤에는 학교에서 야간자율학습을 했습니다. 학원을 따로 다니
지 않으니 자연스럽게 학교 공부에만 집중했습니다. 학원에 다니지
않아 숙제를 해야 할 필요가 없어서 고등학생인데도 다른 아이들에
비해 시간적 여유가 많았습니다.

여유 시간이 생기면 가은이는 재미있는 소설을 읽었습니다. 학교

도서관에서 책을 빌리기도 하고 서점에 가서 책을 사서 읽기도 했습니다. 누구보다 여유롭게 고등학교 생활을 한 가은이는 결국 S대에 다니게 되었습니다.

3

중학교 독서가
놓았던 공부의 끈을 이어주었어요!

| S대 대학생 하진이 |

하진이는 중학교를 다닐 때까지만 해도 소위 '일진'이었다고 합니다. 하진이를 고등학교 3학년 때 만났기 때문에 전혀 그렇게 보이지 않았습니다. 뱅글뱅글 돌아가는 안경을 쓰고 머리는 하나로 묶은, 누가 봐도 공부만 할 것처럼 보이는 고3 학생이었습니다. 수업시간에는 수업을 열심히 듣고 필기를 열심히 하는 전형적인 모범생의 모습이었습니다.

하지만 하진이 말로는 중학교 땐 패싸움도 했다고 합니다. 같은 중학교를 나온 아이들도 똑같이 증언했습니다. 니가 그렇게 무서운 아이냐고 묻자 하진이는 부끄러운 듯 씩 웃었습니다.

대학원서 접수 기간이 다가왔습니다.

학교별로 S대 지역균형선발로 문과반 전교 1등, 이과반 전교 1등 각각 한 명씩 선정합니다. 이과반 지역균형선발 대상자는 하진이었습니다. 하진이가 S대에 원서를 내기 위해서 자기소개서를 가지고 왔습니다. 자기소개서를 읽으면서 하진이에 대해 제대로 알게 되었습니다.

하진이는 초등학교 때까지 공부를 잘했다고 합니다. 그런데 중학교에 입학하면서 사춘기가 시작되었습니다. 하진이와 사춘기를 누르려는 엄마와의 사이에서 갈등이 자꾸 커졌습니다. 하진이는 결국 엄마에게 반항하기 위해 '일진 짱'까지 되었습니다. 하지만 책을 좋아했던 하진이는 공부가 뒷전인 상황에서도 좋아하는 책 읽기를 계속 했다고 합니다.

그렇게 3년을 살았습니다. 고등학생이 되자 이제는 이렇게 살아서는 안 되겠다는 생각이 들었습니다. 정신 차리고 공부하기 시작했습니다. 그 결과 고등학교 1학년 첫 시험에서는 300명 중 170등을 했습니다. 중학교 때 공부를 하나도 안했던 것에 비하면 성적을 잘 받았습니다.

하지만 하진이는 그 성적이 성에 차지 않았습니다. 더 잘하고 싶었습니다. 다른 아이들의 두 배 세 배로 노력했습니다. 마침내 1학년 마지막 시험에서 전교 48등을 했습니다.

2학년이 되었습니다. 자신이 하고 싶은 일이 이과 관련이라서 이과반을 선택했습니다. 하지만 이과반 아이들 대부분이 1학년 때 성적이 꽤 좋은 아이들입니다. 등수가 떨어지는 것은 싫었습니다. 하진이는 최선을 다해서 공부했습니다.

그 결과 2학년 첫 시험에서 전교 18등을 했습니다. 하지만 더 잘하고 싶었습니다. 지금까지 공부하던 것보다 더 열심히 공부했습니다. 열심히 공부했더니 성적이 껑충껑충 뛰는 것도 직접 겪어봤습니다.

하진이는 2학년 2학기 첫 시험에서 전교 1등을 했습니다. 그 기세를 몰아 2학기 2차 지필고사에서도 전교 1등을 했습니다. 그 노력으로 당연히 3학년 1학기 성적도 전교 1등이었습니다.

사실 자신도 전교 1등까지 하리라고는 생각하지 못했다고 합니다. 하진이는 평소 읽었던 책을 통해 배운 배경지식 등이 고등 국어 성적 향상과 타과목 공부에 큰 도움을 주었다고 말했습니다. 중학생 때의 모습은 부끄럽지만 그 모습을 거울삼아 고등학교 3년 동안 최선을 다해서 살았습니다.

마침내 중학교 때는 생각도 해 본 적이 없던 S대에 원서를 넣을 수 있게 되었습니다. 자기소개서를 읽으면서 정말 하진이가 치열하게 살았다는 생각이 들었습니다. 사실 고등학생이 되면 전교 등수 10등을 올리는 것도 쉽지 않습니다. 왜냐하면 지금까지 공부해왔던 것들이 고등학교에서 드러나기 때문입니다.

고등학교에 입학할 때 출발선 자체가 이미 정해져 있습니다. 내가 열심히 달리는 만큼 다른 아이들도 치열하게 달립니다. 그 차이를 극복하기 위해서는 다른 아이들보다 몇 배 더 열심히 빠르게 달리는 수밖에 없습니다. 거의 불가능한 일입니다.

그런데 하진이는 누구보다 강한 집념으로 그것을 해냈습니다.

4

친구들에게 국어 수업 내용을 설명하면서
복습 효과를 얻었어요!

| S대 대학생 유진이 |

유진이는 누구보다 성실한 아이입니다. 수업시간에 딴짓은 절대 하지 않습니다. 항상 앞자리에 앉아서 선생님의 수업을 집중해서 듣습니다. 예의도 발라서 복도에서 어떤 선생님을 만나든 항상 90도로 고개 숙이며 인사했습니다.

또한 친구들이 수업시간에 이해가 잘 안 되는 걸 수시로 물어도 항상 친절하게 설명해주었습니다. 선생님들보다 더 편하니 많은 아이들이 수시로 모르는 걸 질문했습니다. 하지만 유진이는 한 번도 귀찮아 한 적이 없습니다.

한 번은 유진이가 공부를 못 할 정도로 아이들에게 질문을 받고 있기에 각자 공부를 하라고 권유했습니다. 그랬더니 유진이는 친구들을 가르쳐주면서 자기도 많이 배운다며 괜찮다고, 안 그래도 애매한 부분이 있었다고 하며 질문했습니다. 그러더니 이제는 이해됐다며 아까 그 아이에게 다시 설명을 해주었습니다.

고등학교 3학년이 되었습니다.

유진이는 늘 전교 1등이었기 때문에 S대에 원서를 넣기로 했습니다. 지역균형선발로 S대에 원서를 넣을 수 있기는 한데 내신 성적도 조금 모자라고 결정적으로 수능 최저 등급이 아슬아슬했습니다. 담임선생님도 유진이를 불러서 'S대에 원서를 넣기는 하지만 사실 지금 너의 성적으로는 떨어질 수도 있다, 아쉽지만 합격한다는 보장은 없다'라고 이야기했습니다. 유진이도 자신이 그 사실을 잘 알고 있다면서 꼭 S대를 가지 않아도 된다고 말했습니다. 그래도 얼굴에는 가고 싶은 아쉬움이 드러났습니다.

그런데 담임선생님이 원서를 작성하던 중 큰 실수를 했습니다. 유진이는 문과반 전교 1등이었습니다. 그래서 S대도 문과 계열로 원서를 쓰기로 했습니다. 그런데 담임선생님의 실수로 교차지원이 가능한 이과 계열을 선택한 것입니다. 이미 원서를 제출해버려서 수정이 불가능했습니다. 이리저리 백방으로 뛰어보았지만 결과를 기다리는 수밖에 없었습니다.

담임선생님은 유진이에게 미안해서 유진이를 붙잡고 울었습니다. 오히려 유진이가 의젓하게 선생님을 위로했습니다. 어차피 자신은 S대에 못 갈 것을 알고 있었다며 얼마나 신경 써주셨는지 안다며 지난 1년간 감사했다며 인사도 했습니다. 더 나아가 Y대나 K대에 합격하기 위해서라도 수능은 최선을 다해서 임하겠다고 의지를 다졌습니다.

유진이는 기대했던 것보다 수능 결과가 훨씬 좋았습니다. 정시로 다시 SKY에 원서도 넣기로 했습니다. 수시 합격자 발표를 하는 날이 되었습니다. 갑자기 담임선생님과 유진이가 난리가 났습니다. 유진이가 S대에 합격한 것입니다.

원래 유진이가 가려고 했던 곳은 유진이의 성적으로 합격할 수 없었습니다. 하지만 담임선생님의 실수로 잘못 접수했던 곳에서 합격한 것입니다. 믿을 수도 없고 이해도 안됐지만 정말 그렇게 되었습니다.

담임선생님의 실수가 유진이의 S대 합격이라는 결과를 낳았습니다. 합격을 확인하자마자 유진이는 엄마한테 전화해서 펑펑 울기 시작했습니다. 사실은 원서가 잘못 되어서 가장 속상했을 사람은 당사

자였을 것입니다. 그런데 담임선생님이 자기보다 더 놀라서 덜덜 떠는 모습을 보고 오히려 의젓하게 위로한 것입니다.

담임선생님도 합격자 발표가 나기 전에 내내 얼마나 불안했을까요! 자신의 실수로 우리반 아이의 인생을 망쳤다는 생각에 얼마나 괴로워했을까요! 담임선생님도 펑펑 울고 있는 유진이를 껴안고는 울기 시작했습니다. 그것을 지켜보는 우리도 눈시울이 붉어졌습니다.

5

한 글자씩 눌러서 읽는 독서 습관이
국어 공부에 도움이 됐어요!

| K대 대학생 은정이 |

　은정이는 국내 최고 대학인 S대와 K대에 동시 합격했습니다. 하지만 고민 끝에 K대에 입학한 학생입니다. 지금껏 일반고에서 근무했기에 과학고 출신들이 많은 K대에 입학한 학생은 거의 보지 못했습니다. 학생 한 명을 면접하기 위해 교수님 두 분이 고등학교에 직접 오신 건 처음 보았습니다.

　은정이는 능동적이고 적극적인 아이입니다. 은정이를 만난 것은 교직 13년차 즈음이었는데 그 아이와 같이 수업을 듣는 아이는 처음이었습니다. 수업을 열심히 듣는다고 하면 보통 수업시간에 딴짓을 하지 않고 선생님의 말씀을 듣는 것으로 생각합니다. 약간 수동적인 태도입니다. 지금까지 봤던 많은 아이들도 그랬습니다.

그런데 은정이는 전혀 달랐습니다. 은정이는 매서운 눈빛으로 매 수업을 들었습니다. 다른 아이들은 '아~ 선생님이 저렇게 말씀하시는구나. 아~ 그렇구나!' 하고 받아들이는 눈빛이라면 은정이는 '왜? 어? 이건 내 생각이랑 다른데? 이건 나랑 비슷하네!' 하는 눈빛이었습니다.

그렇다고 수업시간에 손을 들고 질문하거나 수업의 흐름을 자기 위주로 돌리거나 하지는 않았습니다. 수업 내용 중 자기의 생각과 견해가 다른 부분을 메모해 두거나 표시했습니다. 수업이 끝나면 앞으로 나와서 수업시간 중에 궁금했던 것을 질문했습니다.

은정이의 질문은 아예 방향 자체가 달랐습니다. 자신은 이 작품을 보면서 이렇게 해석했는데 선생님은 이런 방식으로 해석을 해서 수업을 했다, 자기의 해석과 달라서 그 이유가 궁금하다며 나름의 근거를 대며 질문하곤 했습니다.

그 질문들은 타당할 때도 있었지만 작가의 특징을 제대로 파악하지 못했거나 시대의 흐름까지 생각하지 못해서 2% 정도 부족할 때도 많았습니다. 그래서 은정이에게 그 작품 외의 작가의 특징이나 시대의 흐름, 갈래의 특징 등을 추가로 더 설명해주었습니다. 그러면 은정이는 '아~' 하면서 수업시간에 설명했던 내용을 이해했습니다.

덕분에 그 반 수업을 들어갈 때마다 긴장되고 설렜습니다.

질문은 수업 준비를 하며 예상했던 부분도 있었고, 아니었던 부분도 있었습니다. 은정이가 질문하고 내가 답을 하면서 이야기를 나눌 수 있는 시간은 10분밖에 안 되는 쉬는 시간뿐이었습니다. 하지만 교사로서 무척 재미있는 시간이었습니다. 십여 년 동안 밋밋하던 교사생활에 뭔가 설레는 이벤트가 생긴 기분이었습니다.

수시 면접이 끝나고 합격이 결정됐습니다. 그 이후 은정이와 대화할 기회가 생겼고, 국어 공부를 어떻게 했냐고 물었습니다.

은정이는 교과서든 그 어떤 책이든 읽을 때 집중해서 정독한다고 했습니다. 책을 대충 훑으며 읽는 것이 아니라 한 글자 한 글자 꾹꾹 눌러서 읽는다는 것입니다. 책을 읽다가 궁금한 것이 생기면 절대 그냥 넘기지 않는다고 했습니다. 다른 책을 찾거나 인터넷을 검색하는 등 어떻게 해서든 그 궁금증을 해결하고야 만다는 것입니다. 평소 수업시간의 태도를 생각해 보면 어떻게 할지 짐작이 되었습니다.

은정이의 이야기를 들으면서 전교 1등에는 다 이유가 있구나라는 생각이 들었습니다.

6

중학생부터 필독서 목록과
읽은 기간을 직접 관리했어요!

| 육사에 입학한 상기 |

상기를 처음 보았을 때 이렇게 반듯한 아이가 있나 감탄했습니다.

수업시간에는 항상 올바른 태도로 모든 교과 선생님의 수업을 들었습니다. 글씨도 정자체로 깔끔하게 썼습니다. 대부분의 남학생들의 글씨체는 알아보기 힘듭니다. 그래서 서술형 평가를 칠 때마다 아이들의 답지를 암호를 해독하는 기분으로 읽어야 합니다. 그런데 상기는 글씨도 반듯했습니다. 그것뿐 아닙니다. 점심시간에는 반 아이들과 늘 축구를 하며 다 같이 어울려 잘 놀았습니다. 상기는 성적도 우수하고 운동도 잘하는 '엄친아'였죠. 리더십도 있어서 1, 2학년 때는 학급 회장을 도맡아 하고 3학년이 되어서는 전교 회장이 되기도 했습니다.

상기가 어떻게 이렇게 잘 컸을까, 볼 때마다 감탄했습니다. 상기 어머니가 학교 설명회에 오셨습니다. 우연히 어머니와 이런 저런 이야기를 하게 되었습니다. 어머니는 원래 간호사셨습니다. 그런데 아들 교육에 힘 쓰면서 집안을 돌볼 수 있는 시간을 확보하기 위해 교원 전집을 취급하는 회사에 다니시게 되었답니다. 상기는 자연스럽게 교원에서 출간되는 문학 등 전집을 모두 읽게 되고, 읽다보니 다른 출판사와 연계된 책들로 확장해서 독서를 하게 된 거죠.

매 방학 때마다 박물관, 미술관 등의 다양한 체험도 꾸준히 했습니다. 중학생이 되어서는 직접 필독서 목록을 찾아서 기간을 정하고 꾸준히 책을 읽고 관리했다고 합니다.

어머니와의 대화를 통해 상기는 초등학교 때부터 학습 습관이 올바르게 잡혀 있다는 것을 알았습니다. 초등학교 때부터 항상 가장 기본적인 글씨쓰기나 공부할 때의 태도 등을 엄하게 가르쳤다고 합니다. 이런 초등학교 때부터의 습관이 지금 이런 아이를 만든 건 아닐까 싶었습니다.

물론 공부를 하면서 슬럼프도 있고, 스트레스를 받아서 힘들어할 때도 있었습니다. 하지만 기본적으로 초등학교 때부터의 학습태도가 바르게 잡혀 있는 아이라 학습에서 크게 흔들림이 없었습니다.

결국 고등학교 3학년이 되어서 자신에게 맞는 진로를 찾던 상기는 육군사관학교에 입학하기로 했습니다. 왠지 항상 반듯한 상기와 잘 어울리는 직업입니다.

초등학생 때부터 바른 학습 습관을 가져야 합니다. 초등학생 때의 학습 습관이 중학교, 고등학교에서도 영향을 줍니다. 흔히 초등학생 때 놀아야 중고등학생이 되었을 때 공부를 잘 할 수 있는 힘이 생긴다고 합니다.

저는 생각이 좀 다릅니다. 초등학생 때는 분명 공부를 강요하지 않고 여유 있게 지내는 것이 맞습니다. 하지만 기본적인 학습태도나 기초적인 학습은 초등학생 때부터 강하게 잡아줘야 합니다. 초등학생 때의 공부 습관이 사춘기로 흐트러지더라도 다시 원래의 모습을 찾을 수 있는 힘이 됩니다.

7

매일 일기로 생각을 풀어내는
연습을 했어요!

준영이는 초등학교 때부터 공부를 잘했습니다. 담임선생님이 과고를 목표로 공부를 시켜보는 게 어떻겠냐고 했다고 할 정도였죠. 그런데 평소 준영이의 모습은 공부를 잘하는 게 맞냐는 생각이 들 정도로 과묵한 아이입니다. 수업시간에 수업을 들을 때도 분명 아는 것이 확실한데 조용히 수업을 듣고 있습니다. 저에게 뭔가가 필요해서 와도 완벽한 한 문장으로 이야기하지 않습니다. 딱 필요한 단어만 이야기합니다. 친해져보려고 온갖 말을 다 걸어보았으나 항상 돌아오는 대답은 단답형이었습니다.

그러던 어느 날 학생부에 기록해달라면서 독서 감상문을 써서 가져왔습니다. 독서 감상문을 보고 깜짝 놀랐습니다. 우선 책 자체가 중학생이 읽기에는 너무 수준 높은 책들이었습니다. 이런 어려운 책을 읽고 독서 감상문을 쓰다니 놀라웠습니다.

독서 감상문을 읽으면서 또 한 번 놀랐습니다. 평소 아무리 말을 걸어도 하루에 한마디도 저에게 하지 않는 아이였습니다. 그런데 독서 감상문에서는 비문학책의 내용 요약이 아닌 자기 입장이 분명히 드러나게 본인 생각을 논리적으로 펼치고 있었습니다.

독서 감상문은 누가 봐도 완벽하고 훌륭한 내용으로 한 페이지가 빽빽하게 쓰여 있었습니다. 문장의 호응도 훌륭하고 독서 감상문의 틀도 잘 갖추고 있었습니다. 어휘도 일반 학생들은 사용하지 않을 것 같은 고급 어휘들을 사용하고 있었습니다.

한꺼번에 6편의 독서 감상문을 가져왔는데 6편 모두 훌륭했습니다. 고등학생도 독서 감상문을 이렇게 훌륭하게 쓰지는 못할 것 같았습니다. 대부분 과학고를 목표로 한 비문학 작품들이었는데 제대로 된 독서 전략을 사용해서 내용의 본질을 꿰뚫고 있었습니다. 이렇게 어려운 작품을 제대로 읽어내고 그 내용을 이해해서 자신만의 언어로 정리하고 그에 대한 자기 생각을 정리한 준영이에게 놀라울 따름이었습니다.

준영이가 다시 보였습니다.

나중에 알고 보니 준영이는 말을 많이 하지 않는 대신 자기의 생각을 글로 많이 쓴다고 합니다. 처음에는 한두 줄 생각을 썼는데 나중에는 그것이 공책 한 페이지가 될 정도로 쓰게 되었다고 합니다. 처음에는 생각을 쓰다가 어느 순간 그것이 일기로 발전하게 되었습니다. 매일 연습을 하다 보니 생각을 풀어내는 것이 자연스러워졌습니다. 일기 안에는 독서 감상문도 있고, 여행을 다녀온 기행문도 있다고 합니다. 정해진 형식 없이 마음가는대로 쭉 써온 것입니다.

자기의 생각을 정리하는 작업이 아이의 사고력을 키웠습니다.

말수는 적지만 그것을 글로 풀어내면서 자신도 모르게 생각을 가다듬는 훈련을 하게 된 것입니다. 게다가 과학고라는 목표가 있으니 의무적으로 책을 한 학기당 몇 권씩 읽어야 했습니다. 글쓰기 훈련과 독서가 만나서 훌륭한 독서 감상문이 탄생했습니다.

이렇게 생각을 제대로 잘 정리하는 아이이니 독서 감상문뿐만 아니라 어떤 글이든 훌륭하게 쓸 것입니다. 공부를 할 때도 자신이 모르는 부분을 제대로 알고 그에 맞춰서 공부를 할 것입니다.

매일 꾸준히 생각을 쓰는 힘 덕분에 특목고에 입학한 것이 아닐까 짐작해 봅니다.

8

학교 도서관이 사교육의
빈 공간을 메꿔 주었죠!

| 특목고(과고)에 입학한 성서 |

성서는 전혀 사교육을 받지 않고 특목고에 입학했습니다.

성서는 참 독특한 아이입니다. 학교에서 수업을 들을 때 선생님의 말씀을 잘 들으면서도 내용을 비판적으로 수용하면서 듣습니다. 은정이와는 다른 느낌입니다. 은정이는 교과서의 내용과 선생님의 수업을 다 씹어 먹겠다는 느낌으로 듣는다면 성서는 수업 내용을 수용하면서 자기 생각을 정리하는 느낌입니다.

특목고 원서 접수 시기가 되었습니다. 담임선생님이 성서를 불렀습니다. 성서에게 혹시 과학고에 원서를 써 볼 생각이 없냐고 물었습니다. 충분히 잘 할 것 같고 성적도 되니까 되든 안 되든 한 번 써보는 것이 어떻겠냐고. 성서는 생각도 해보지 않았던 일이라 고민에 빠졌습니다. 며칠 뒤 조심스럽게 도전해보고 싶다고 답했습니다.

과학고에 원서를 넣고 면접을 보고 왔습니다. 막상 면접을 가보니 자기를 빼고 다른 아이들은 다들 특목고 대비 학원에서 공부를 하고 면접 준비도 했다고 합니다. 자기도 갔어야 했나 고민하며 걱정을 잔뜩 했습니다.

3학년 담임선생님들은 다들 한 목소리로 '그 학교에서 너를 뽑지 않는 것은 그 학교 선생님들이 사람 보는 눈이 없는 것이다. 너랑 이야기를 조금만 해봐도 네가 어떤 아이인지 알 거다. 네가 떨어진다면 그 학교가 큰 손해를 보는 거다. 그 선생님들도 아마 면접을 보는 순간 우리와 같은 마음이었을 것이다. 걱정하지 마라'며 위로해주었습니다.

실제로 성서는 그런 아이였습니다.

학교 도서관의 도서 위원으로 항상 틈이 날 때마다 도서관에서 책을 읽고 있었습니다. 장르는 딱히 가리지 않았습니다. 소설도 좋고 비문학도 좋았습니다. 어떤 책이든 읽었습니다. 학교 도서관에 책이 많은 편인데 그 책들을 3년간 거의 다 읽었다고 합니다. 성서는 사교육을 받아본 적이 없는 공교육 신봉자입니다. 스스로 공부를 하다가 모르는 것이 생기면 학교 선생님들을 찾았습니다. 학교 선생님들께 여쭤보고 스스로 공부 방법을 익히는 성서를 볼 때마다 참 신기했습니다. 질문을 할 때도 항상 예의바른 태도로 선생님들께 여쭤보았습니다. 그 태도에 선생님들은 업무로 바쁠 때도 성서의 질문에 정성껏 답해주었습니다.

무엇이든 최선을 다하는 성격으로 자신이 아는 것을 다른 아이들에게 아낌없이 나누어주었습니다. 같은 반에 성적이 좋지 않은 아이가 있었는데 그 아이가 공부를 잘하고 싶은데 방법을 모르겠다고 했습니다. 성서는 그 아이 옆에 앉더니 공부하는 것 하나하나를 자세히 가르쳐주기 시작했습니다. 가르쳐줄 때 오만함이나 잘난 척은 전혀 없었습니다. 성서 덕분에 그 친구는 평균 성적이 30점이 오르는 기염을 토하기도 했습니다.

과학고 합격자 발표 날 3학년 담임선생님들은 다들 성서 담임선생님 컴퓨터 앞에 모였습니다. 성서에게 응시번호를 묻고 다들 컴퓨터 화면을 바라보았습니다.
결과는 합격이었습니다.
3학년 교무실에서 큰 환호소리가 났습니다.
나중에 졸업식 때 3학년 담임선생님 한 분 한 분에게 손으로 편지를 써서 가져왔습니다.

　면접을 보러 갔을 때 아이들이 하나같이 면접을 너무나 잘 봤다고
합니다. 자기는 모르는 과학 용어를 쓰며 답변을 하는 아이들을 보
고 느긋한 성품을 가진 아이조차 긴장이 되었나봅니다. 그래서 너무
나 마음이 불안했는데 선생님들의 위로가 큰 힘이 되었다고 합니다.

　독서가 습관이 되고 자기 주도적 학습이 몸에 배어있는 성서는
과학고에서도 잘 적응하고 지낼 것입니다.

9

스터디 플래너에 독서 감상문을 빠트린 적이 없어요!

| 특목고(외고)에 입학한 은주 |

은주는 외국에 가본 적이 없습니다. 그런데 외국에 다녀온 아이들보다 영어를 더 잘합니다. 학교에서 실시하는 영어 말하기 대회에서도 외국에 살다 온 아이들을 제치고 항상 1등이었습니다. 아이들 사이에서도 영어는 은주라고 정해져 있었습니다.

은주는 완전한 노력파입니다. 영어를 잘하는 것도 그만큼 최선을 다해 노력했기 때문입니다. 은주를 보고 있으면 매사에 최선을 다하는구나 하는 생각이 절로 듭니다. 스터디 플래너에 하루의 공부 일정을 정리합니다. 그 공부 일정에 따라 하루의 공부를 하고 체크합니다.

은주도 특목고를 목적으로 하고 있으니 독서 기록을 위해 독서 감상문을 가져 왔습니다. 은주의 독서 감상문은 잘 쓴 글은 아니었습니다. 그런데 글 속에 은주가 얼마나 열심히 썼는지가 느껴졌습니다. 독서 감상문 속에서도 노력이 보였습니다.

은주는 항상 그런 아이였습니다. 체육대회를 할 때도 즐기면서 해도 될 법한데 최선을 다 했습니다. 반 아이들이 응원을 하지 않고 돌아다니자 계속 찾아서 제자리에 앉히고 응원 구호를 외쳤습니다. 아이들이 크게 호응하지 않아도 혼자서 목이 터져라 외쳤습니다.

교내 행사를 할 때도 아이들에게 작품을 받으면 은주의 작품은 티가 났습니다. 그림을 봐도 정말 정성들여 했구나 하는 생각이 들었습니다. 글을 써도 주어진 분량까지 제일 빽빽하게 써서 내는 아이가 은주였습니다.

공부를 할 때도 마찬가지입니다.

한 과목 한 과목 대충 넘어가는 법이 없습니다. 제대로 아는지 스스로 확인하고 본인이 스스로 만족해야 다음 단계로 넘어갑니다. 수업시간에도 한 글자도 놓치지 않겠다는 자세로 수업을 듣습니다. 그런데도 빽빽한 스터디 플래너의 계획을 다 지키다니 참 대단합니다. 다른 사람과 똑같이 24시간이라는 하루를 살고 있는데 은주의 시계는 48시간인 것 같았습니다. 매 시간 일 분 일 초를 계획하고 노력하였습니다. 은주를 볼 때마다 어른도 저렇게 하기 힘들텐데 아직 어린 아이가 참 대단하다는 생각이 들었습니다.

이런 은주의 노력이 성적으로도 나타났습니다.

고입을 위한 내신 성적을 낼 때, 교과 성적만으로 내신 성적을 내지 않습니다. 출결 상태, 봉사 시간, 임원 경력, 수상 실적 등 비교과 영역까지 모든 것이 점수화됩니다. 그래서 교과 성적만으로 내신 성적을 내면 1등이지만 비교과 영역을 반영하면 등수가 바뀌는 경우가 있습니다. 은주도 교과 성적으로 등수를 냈을 때는 2등 정도였습니다. 그런데 비교과 영역을 넣자 다른 아이들이 따라올 수 없는 성적으로 1등이 되었습니다.

공부만 열심히 한 것이 아니라 평소 모든 학교생활이 성실했다는 뜻일 겁니다. 결국 은주는 중학교를 전교 1등으로 졸업했고, 학교 대표로 졸업식 날 상도 받았습니다. 은주의 노력은 특목고에 가서도 빛을 발했습니다.

그곳에서도 3년간 전교 1등을 놓치지 않았다고 합니다.

국어교과서, 문제집, 독서는
국어 공부의 3대 핵심

저는 국어 교과를 가르치는 국어 교사입니다. 국어 교사와 독서 지도사라는 말이 따로 있을 정도로 국어 교과와 독서는 동의어가 아닙니다. 국어 교사는 국어 교과의 다섯 영역을 어떻게 효율적으로 익히고 가르칠 것인지를 연구해서 학생들을 가르칩니다. 국어는 독서를 포함하는 개념이 아니고, 독서도 국어를 포함하는 개념이 아닙니다. 그런데 국어 공부를 잘하기 위해서 독서가 아주 중요합니다. 수업할 때 아이들이 학습하는 모습을 살펴보면 독서를 많이 한 아이들이 교과에 대해 이해가 더 빠릅니다. 시험을 칠 때도 시험 치는 아이들을 살펴보면 독서를 많이 한 아이들이 문제에서 출제자의 의도를 더 잘 파악합니다.

물론 그렇다고 독서를 많이 한 아이들이 모두 국어 공부를 잘하는 것은 아닙니다. 또 국어 공부를 잘하는 모든 아이가 독서를 많이 한 것도 아닙니다. 초등학교 때까지 책을 엄청나게 읽던 아이라 중학교 공부는 걱정 없을 거라고 믿었던 학부모님이 중학교 2학년이 되어 첫 시험을 치고 그 충격에 상담을 신청하시는 경우도 꽤 있었습니다. 학부모님과 학생들을 상담하면서 느낀 것은 많은 학생이 중학생 때까지 국어 공부를 제대로 해 본 적이 없는 경우가 많다는 것이었습니다. 또한 국어는 모국어이기 때문에 국어 교과서를 읽을 수 있고, 이해할 수 있으므로 그것으로 국어 공부를 어느 정도 했다고 만족하는 경우가 많았습니다. 하지만 그렇게 해서는 국어 공부를 결코 잘할 수 없습니다. 국어는 국어 자체로 공부를 해야 합니다.

국어를 공부하기 위한 가장 기본적인 방법은 국어 교과서입니다. 국어 교과서를 바탕으로 학년별 공부 방향을 잡고, 이후에 국어 문제집으로 국어 공부를 다져 나가야 합니다. 단, 아이의 나이에 따라 그 공부 방법을 조금 다르게 해야 합니다. 영어 공부, 수학 공부를 할 때와 국어 공부를 할 때를 비교해보세요. 지금은 영어, 수학 공부가 더 어렵고 중요해 보일 것입니다. 하지만 영어, 수학 공부도 결국은 국어 공부가 바탕이 되어야 더욱 잘할 수 있습니다. 국어도 공부해야 합니다. 영어 공부를 하듯이, 수학 공부를 하듯이 차근차근 국어 공부를 해야 국어 공부를 잘할 수 있습니다.

그런데 이렇게 국어를 공부하는 것은 국어 공부의 날개를 한쪽만 펼친 것과 같습니다. 한쪽 날개로는 하늘을 날 수 없습니다. 양쪽 날개를 다 펼쳐야 합니다. 국어 공부의 나머지 날개는 독서입니다. 국어 교과서를 읽고, 국어 문제집을 아무리 많이 푼다고 하더라도 그 속에 담긴 뜻을 파악하고 이해하는 능력이 없다면 국어 공부를 완벽하게 잘할 수 없기 때문입니다. 그 능력을 키우는 방법이 바로 독서입니다.

하늘을 제대로 날기 위해서 양쪽 날개가 균형을 이루어야 합니다. 두 날개가 균형 있게 자란 뒤에 그 날개로 하늘을 나는 방법을 익히면 됩니다. 초등학교 때는 두 날개가 균형 있게 자라는 시기입니다. 아이의 국어의 날개가 균형 있게 자라면 그 후 날개를 사용하는 방법을 가르칩니다. 날개가 완전히 자라야 날 수 있습니다. 아이가 국어 공부를 잘하기를 바란다면 부디 재미있는 책으로 독서를 하게 해주세요. 책이 재미있어야 독서를 꾸준히 할 수 있습니다. 그리고 국어 교과서를 통해 국어도 공부하게 해주세요. 분명히 이 둘의 조화가 아이가 더 높은 곳으로 비상할 수 있게 도울 것입니다.

이 책이 나오기까지 많은 분의 도움을 받았습니다. 무엇보다 이 원고를 지나치지 않고 받아주시고 출간으로 이어지도록 많은 노력을 해주신 출판사 마더북스 관계자 분들에게 감사합니다.

저와 함께 국어 공부와 독서에 대한 고민을 함께 나누었던 동과 국어 선생님들, 저의 관찰 대상이 되었던 우리 학교 학생들에게 마음 깊이 감사드립니다. 그리고 딸이 책을 쓴다는 사실에 놀랐지만, 마음 깊이 응원해주신 부모님, 늘 든든하게 제 곁을 지켜주는 남편, 항상 엄마를 응원해주는 아이들에게도 고마움을 전합니다.

마지막으로 아이들의 비상에 이 책이 도움이 되기를 간절히 바랍니다.

부록

1. 무료 독서 진단 능력 테스트
2. 맞춤형 초등 독서 &
   국어 공부 체크 리스트

부록에서는 다양한 기관에서 제공해 주는 무료 독서 진단 능력 사이트들을 이용해 아이들의 독서 능력을 진단해 볼 수 있습니다. 또한 19년간 중고등학교 국어교사로 근무해 오면서 저자가 터득한 국어 학습 지도 비결을 담은 맞춤형 초등 독서 & 국어 공부 체크 리스트들을 활용해 아이의 초등 국어 공부 실력을 확인해 볼 수 있습니다. 유용하게 활용해 보시기 바랍니다.

부록1   무료 독서 진단 능력 테스트

기본적으로는 아이가 즐겁게 책을 읽는 것이 좋지만 초등학교 입학 전, 초등 고학년 시작점, 중등 입학 전 등 점검의 시간을 가지는 것도 중요합니다. 다양한 기관에서 랜선을 통해 빅데이터를 활용하여 아이들의 독서능력을 검사하는 무료, 유료 사이트들이 많습니다. 엄마가 먼저 사이트에 방문해서 우리 아이에게 부담되지 않고 적성에 맞다고 판단되는 것을 1~2개 골라서 한번 테스트 해보시기를 권장합니다. 이러한 테스트를 통한 객관적 결과들은 엄마가 아이의 독서 로드맵을 구성하고 국어 학습의 방향성을 잡는데 큰 도움을 줄 것입니다.

■ 전남교육청 JNE 독서능력진단검사 (http://book.jnei.go.kr)

전국 최초로 독서능력진단검사 프로그램을 제공합니다. 중2까지 가능합니다.
학교에서 학생들을 대상으로 일괄로 평가하고 평가 결과를 제공합니다.

■ 서울시교육청 전자도서관 독서능력진단검사
(https://e-lib.sen.go.kr/9_etc/etc_02_1.html)

서울시교육청전자도서관 → 사이트맵 → 온라인자료 → 수준맞춤형독서진단 → 서비스바로가기 (로그인)로 들어갑니다. 연 1회 활용이 가능하며 도서관을 활용한 독후활동 및 독서이력관리가 가능합니다.

■ 경남교육청 독서길라잡이(http://readingedu.kr)

경남교육청 자체 프로그램을 사용합니다. 초등학생 대상입니다.
300여 개의 독서 지도안과 1000종 이상의 권장도서를 소개하고 있습니다.

■ 웰리미 한글진단검사(http://hg.mirae-n.com)

유치원~초등저학년을 대상으로 한글 사용능력을 진단합니다. 미래엔과 한국초등국어연구소가 함께 만든 검사 사이트로 회원 가입해야 이용 가능합니다. 웹기반 검사로 대략 20분 정도 소요되며 문제 은행식으로 구성되어 수시로 평가가 용이합니다. 초등저학년 아이들의 흥미에 맞게 재미있게 구성되어 있습니다.

■ 조선에듀 독서왕(http://edu.chosun.com/readking)

이 검사는 서울시교육청 전자도서관의 공식프로그램으로 선정되었습니다. 회원 또는 비회원으로도 검사가 모두 가능합니다. 검사 후, 연계된 도서 패키지를 구매할 수 있어서 연동 서비스가 편리합니다.

■ 리딩오션(http://www.enro.co.kr)

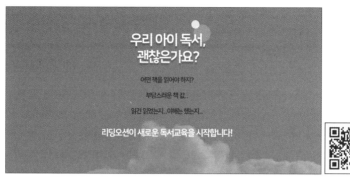

초등1학년~고등3학년을 대상으로 독서능력을 진단합니다. 회원으로 가입해야 이용이 가능합니다. 초등1~3학년은 20문항, 초등4학년~고등3학년은 25문항으로, 20~30분이 소요되며 온라인으로 바로 검사가 가능합니다. 독서진단 → 독서능력진단 → 학년선택을 클릭한 후 응시하기를 선택합니다.

■ 해법독서논술 초중등독서능력진단평가(https://www.hb-baccal.co.kr)

초등1학년~중학3학년이 대상입니다. 독서태도평가와 독서능력평가로 이루어집니다. 해법독서논술학원의 레벨테스트용으로 활용됩니다.

부록2

맞춤형 초등 독서 & 국어 공부 체크 리스트

아이가 책도 읽고 공부도 하지만 과연 제대로 책을 읽고 있는지, 국어 공부는 잘 하고 있는지 걱정될 것입니다. 그래서 초등학생 아이를 둔 엄마이자, 19년간 중고등학교 국어교사를 통해 얻은 학습 지도 비결을 담아 독서와 국어 공부를 위한 체크리스트를 만들었습니다. 9번 질문의 경우 코로나19 이전을 기준으로 삼거나 향후 도서관 열람이 가능할 때 다시 한번 적용해 보시면 좋습니다. 요즘 도서관에서도 책 배달, 예약제를 통한 빠른 픽업 등 다양한 서비스를 제공하고 있으니 이를 적극적으로 이용해보세요.

체크 리스트 적용 방법
1. 5, 3, 1, 0점 칸 중에 현재 우리 아이 상황에 맞는 칸에 체크하고 그 점수를 합산한다.
2. 점수대 별로 우리 아이에게 보충해야 주어야 할 사항이 무엇인지 살펴보고 실행한다.

■ 초등 독서 & 국어 공부 체크 리스트

독서영역 : 부모

	5점	3점	1점	0점
1. 아이가 원하는 책을 제공할 수 있다.	일주일 이내로 제공할 수 있다.	한 달 이내로 제공할 수 있다.	제공하지만 기약할 수 없다.	제공하지 않는다.
2. 아이의 관심사를 잘 파악할 수 있다.	관심사를 잘 파악하고 있다.	관심사를 파악하고 있다.	대충 파악하고 있다.	잘 모른다.
3. 아이가 책을 읽고 난 뒤, 그 책에 대해 같이 이야기를 나눌 수 있다.	대부분의 책에 대해 이야기를 나눌 수 있다.	아이의 이야기를 들어줄 수 있다.	읽는 것을 보기만 한다.	관심 없다.

	5점	3점	1점	0점
4. 집에 아이의 책이 충분히 있다. (참고서, 문제집, 교과서 등 학습관련 제외)	책이 천 권 이상 있다.	책이 오백 권 이상 있다.	책이 백 권 이상 있다.	책이 백 권 미만으로 있다.
5. 아이가 원할 때 책을 읽어줄 수 있다.	책을 읽고 관련 대화를 나눌 수 있다.	아이가 원하면 책을 읽어준다.	주어진 상황을 판단해서 읽어준다.	읽어주지 않는다.
6. 꾸준히 책을 읽을 수 있다. (만화책 제외)	매일 2권 이상 읽는다.	일주에 3일 정도 2권 이상 읽는다.	일주에 하루 정도 2권 이상 읽는다.	2권 이하로 읽는다.

독서영역 : 자녀

	5점	3점	1점	0점
7. 독서시간을 마련할 수 있다.	매일 3시간 이상	하루에 2~3시간 정도	하루에 1시간 정도	하루에 30분 이하
8. 한 달 동안 지역 도서관에 꾸준히 방문할 수 있다.	한 달 동안 4회 이상	한 달 동안 3회 정도	한 달 동안 1~2회 정도	한 달 동안 1회 미만
9. 지역 도서관에서 3시간 이상 머무를 수 있다.	3시간 이상 머무르며 책을 읽고 다양한 활동에 참여한다.	1~2시간 정도 머무르며 책을 읽는다.	30분 이내로 책만 대출해서 돌아온다.	지역 도서관에 방문하지 않는다.
10. 학교 도서관에 꾸준히 방문할 수 있다.	일주일에 4회 이상	일주일에 2~3회 정도	일주일에 1회 정도	방문하지 않는다.
11. 학교 도서관에서 꾸준히 책을 대출할 수 있다.	일주일에 3회 이상	일주일에 2회 정도	일주일에 1회 정도	책을 대출하지 않는다.
12. 가족이 함께 독서한다.	1시간 이상	30분~1시간 정도	30분 이하	가족이 함께 독서하지 않는다.

13. 문학책과 비문학 책의 균형을 맞춰 읽을 수 있다.	문학책 3권 이상, 비문학 책 1회 이상	문학책 3권 이상, 비문학 책 1회 미만	문학책은 3권 이상 읽지만 비문학 책은 읽지 않는다.	문학책을 1~2권 정도 읽고 비문학 책은 읽지 않는다.
14. 읽고 있는 책의 한 페이지를 소리 내서 또박또박 읽을 수 있다.	연령에 맞는 책을 한 페이지 가량 제대로 읽을 수 있다.	책은 연령에 맞지만 글자를 빼거나 바꾸어 읽기도 하고 줄을 건너 띄며 읽는다.	자신의 연령보다 낮은 수준의 책을 읽는다.	소리내어 책을 읽지 않는다.
15. 책을 읽고 책의 줄거리와 감상을 이야기 할 수 있다.	제대로 이야기할 수 있다.	이야기하지만 더듬거리고 제대로 이야기하지 못한다.	줄거리는 이야기해도 감상을 제대로 이야기하지 못한다.	줄거리를 거의 기억하지 못한다.

국어공부 영역

	5점	3점	1점	0점
16. 스스로 공부계획을 세워 공부할 수 있다.	스스로 공부 계획을 세워 공부할 수 있다.	스스로 공부 계획은 세우지 못해도 공부는 꾸준히 한다.	시키는 공부만 한다.	공부하지 않는다.
17. 국어 교과서를 제대로 공부할 수 있다.	개념을 찾고 정리한 뒤, 교과서의 글을 요약할 수 있다.	개념을 찾고 정리한 뒤, 교과서의 글을 읽을 수 있다.	개념을 찾아 정리하지는 못하지만 교과서의 글을 요약할 수 있다.	개념을 찾지 못하지만 교과서의 글을 읽을 수 있다.
18. 가정에 국어사전을 구비하고 있다.	구비하고 있고, 평소 궁금할 때마다 활용한다.	구비하고 있고, 필요할 때만 활용한다.	구비하고 있으나 거의 활용하지 않고 인터넷 사전을 활용한다.	구비하고 있지 않다.
19. 독서 감상문을 포함하여 일기를 일주일 동안 2회 이상 쓸 수 있다.	일주일 동안 2회 이상	일주일 동안 1회 정도	한 달에 1~2회 정도	독서 감상문이나 일기를 쓰지 않는다.
20. 일기, 독서 감상문 등 자유로운 글을 공책 한 페이지 분량으로 쓸 수 있다.	공책 한 페이지 분량을 쓸 수 있고, 자신의 감정도 표현할 수 있다.	공책 한 페이지 분량은 쓸 수 있으나 자신의 감정은 쓰지 못한다.	공책 반 페이지 분량의 글을 쓸 수 있고 자신의 감정도 조금 쓸 수 있다.	공책 반 페이지 분량을 쓰지 못한다.

▪ 점수에 따른 우리 아이 독서 및 국어 공부 플랜 방향

결과 점수대	현재 상황	우리 아이에게 필요한 미션은?
80점 이상	매우 우수	▪ 무척 잘하고 있습니다. 지금처럼 하면 됩니다. ▪ 학년에 맞는 책을 꾸준히 제공해 주는데 힘쓰세요. ▪ 혹시 5점이 아닌 부분이 있다면 그 부분을 좀 더 신경써 주세요.
79 ~ 60점	우수	▪ 잘하고 있습니다. 조금만 더 신경 쓰면 됩니다. ▪ 독서부분을 좀 더 보완합니다. 특히, 아이의 독서 환경을 다시 점검해보시기 바랍니다. 아이 옆에서 책을 같이 읽어 주는 방법을 시도해 봅니다.
59 ~ 40점	보통	▪ 지금 하고 있는 독서나 국어 공부가 2%씩 부족합니다. ▪ 현재 읽고 있는 책이 아이의 수준에 맞는지, 어떤 책을 좋아하고 싫어하는지 체크해 보세요. ▪ 아직 문제집을 접하기에는 독서 기초가 부족합니다. ▪ 아직 자기 주도 학습이 자리 잡히지 않았기 때문에 최소 3개월간 엄마의 주도하에 하루 시간표를 짜고 실행하는 연습을 하게 합니다.
40점 이하	노력 요함	▪ 아이가 학교에서도 수업을 제대로 참여하지 못하고, 심지어 진도를 잘 따라가지 못하고 있을 확률이 높습니다. ▪ 담임선생님과 상담을 추천합니다. 학교에서 아이의 모습과 학습 정도를 상담하고 부족한 부분을 파악한 다음 그 부분을 메꿔야 합니다. ▪ 기초가 다져지기 전까지 시간에 맞춰서 엄마가 옆에 앉아서 책을 읽어주고, 내용을 이해했는지 질문해 주어야 합니다. ▪ 혼자서 책을 한 권 읽고 줄거리를 얘기해 줄 수 있을 때까지 노력합니다.